ネオコンの残党との最終戦争

甦る米国の保守主義

渡辺惣樹 Soki Watanabe

ビジネス社

はじめに

不正選挙により権力を握った米民主党バイデン政権は米国を混乱させただけではなかった。トランプ政権では排除され、野に下っていたネオコン実務官僚を大量に再登用し、彼ら彼女らに好き放題の外交を展開させた。ネオコンの狙いは米国一極覇権である。

彼らは、その最終目標であるロシアの政権交代を狙い無謀な挑戦を始めた。レジームチェンジに成功したイラク、リビア、そしてアフガニスタンは、混乱の極みである。ネオコンは、過去の失敗に学ぶ知恵がない。なんの反省もなく、今度は、噛ませ犬国家ウクライナを使って、ウラジミール・プーチン大統領を刺激し続けた。

２０１４年2月のマイダン革命から、２０２２年2月の8年間、プーチンは辛抱した。彼にとって幸いなことに、２０１７年からの4年間は、常識人であるドナルド・トランプ大統領の「力ではなく交渉による妥協点を探る」まともな外交に変わった。だからこそ彼の4年間には一度も新たな戦争が起きていない。北朝鮮もミサイル発射を止めていた。

マイダン革命を設計し指導したビクトリア・ヌーランド（当時国務次官補）、シリアへの本格軍事介入を主張しオバマ大統領の外交を生ぬるいと詰ったサマンサ・パワー（当時国連大使）らに代表されるネオコン官僚はトランプ政権では排除された。

トランプ大統領は、ネオコンがCIAに育てさせたISIS、アルカイダなどのイスラム過激派への資金武器援助を止めた。トランプ大統領は、プーチン大統領と折り合いをつけ、イスラム過激派を排除した。米国ネオコンの後ろ盾を失ったイスラム過激派はほぼ壊滅した。オレンジ色の囚人服を着せられた捕虜を処刑するISISの残酷な映像がメディアで流れたのはつい少し前のことだった。それが嘘のように消えた。しかし、そうした米ロ蜜月ともいえる時代も、もう遥か遠い昔のように感じられる。

プーチン大統領は、東部ウクライナに暮らすロシア系住民の虐殺を含めた圧政を進めるゼレンスキー政権についに拳をあげた（2022年2月）。ミンスク2合意（2015年2月）では東部4州には高度な自治が認められるはずであった。プーチンの侵攻に対して賛否両論はあろうが、米国や主要NATO国が目指すべきなのは、まず休戦の実現である。

トルコのエルドアン大統領は両国に外交的妥協を促していた。武力衝突回避に懸命の努力を続けていた。バイデン大統領は、ロシアのウクライナ侵攻が始まる前、両国の情勢が悪化していることを知っていた。しかし、積極的仲介に入ろうとしなかった。もとより米国が望んだ武力衝突であるだけにそれを期待できるはずもない。

米国内では、トランプ大統領が進めた国境の壁の建設を完成間際で中止し、不法移民歓迎政策をとる。強力な磁石に細かな砂鉄が吸いつけられるように、中南米やカリブ海諸国から不法移民が米国境を目指す。公式統計ではすでに数百万の不法移民が「書類不備の移民」と都合よく再定義され全米各地に分散収容されている。

彼らがいったいどこに何人送られたか不明である。不法移民をごみを散らすように分配している。州知事にも知らせず深夜に軍の輸送機などを使うこともしばしばである。バイデン政権の2年間の不法移民の総数は1000万に近づいているのではないか。不法移民には違法薬物・人身売買の組織犯罪者あるいは強姦殺人などの重犯罪者が数多くまぎれこんでいる。国内治安の悪化が現実となっている。しかし、不法移民は近い将来、民主党に投票する支持層になるとバイデン民主党は考える。「国益よりも党益」の狂気である。

民主党は、完全にリベラル全体主義政党に変質した。リベラル全体主義は異論を認めない。民主党を支持するグローバリスト企業（GAFAなどの主要ソーシャルメディア、国際金融会社、製薬会社など）やグローバリスト財団（ジョージ・ソロスやビル・ゲイツらが運営する諸財団）から得た豊富な資金でメディアをコントロールする。

官僚組織もそのトップに、民主党の息がかかった軍事産業や金融会社の元役員を迎える。

民主党が主張する「地球環境保護」、「少数派人権擁護」、「LGBTQ」などの怪しい御旗を批判するには相当の勇気がいる。大学で保守思想を語れば目を三角にした学生から身体的危害が加えられる。保守系思想の学者は教授に採用されない。

最高裁判所判事でさえ、民主党のアジェンダに反する判断をすれば、自宅住所が暴かれ、玄関前で激しい抗議活動に晒される。そうした違法な示威行動の規制に、地元警察もＦＢＩも動かない。

米民主党は完全に暴力政党となった。日本のメディアはこうした事実をまったく報じない。筆者は、民主党内にいくばくかの良識的中間派が存在するはずだと考え、そうした層が共和党と折り合いをつけた政治運営をしてくれると期待した。しかし、民主党の現職議員はそんなことをすれば、自身の身が危ないことを知っている。民主党には穏健派・中間派が消えた。民主党執行部の言いなりの投票行動をとる議員ばかりとなった。

司法省もＦＢＩも共和党支持者を迫害する民主党の私兵に化した。ＦＢＩは、トランプ大統領の私邸（マー・ア・ラーゴ）をよくわからない疑惑（国家機密書類の不法所持疑惑）で家宅捜索した。一方で、国家機密を含む情報を、国務省のサーバーを使わず、自宅に設置していたサーバーでやり取りしていたヒラリー・クリントンはお咎めなしである。彼女は、裁判所から証拠提出を命じられた自身の携帯電話に残る3万通以上のメールを、特殊な方法（acid wash）で削除した。この証拠隠滅にも司法省は動いていない。

司法省は、「アメリカは構造的に人種差別の国である（批判的人種理論）」と教える民主党系教育委員会の方針に反対する父兄をテロリストに分類し、ＦＢＩに専属調査チームを設置した。

現在の米国の政治状況は、「社民党が中核派あるいは革マル派と連立を組んだような」政権であると表現しても当たらずとも遠からずである。

日本も相当に左傾化し全体主義化している。自民党を保守政党だと思うものはほとんどいない。しかし、米国の左傾化は日本のはるか先を行っている。そんな国が日本の国防の支えになるはずもないのである。しかし、外務省も防衛省も、共産主義の亜種であるグローバリズムに侵されている米国民主党の政治に危機感がない。日本の同盟国米国が疑似共産主義国家である現実をみようとしない。日本の中枢もグローバリズムの病に侵されている。

米国民の半分以上は、おそらく60％以上は、そのことに気づいている。共和党支持者からの高い人気を維持するドナルド・トランプ前大統領は、先の中間選挙（２０２２年11月８日）のスローガンを「Save America」とした。もはや、これ

までの「Make America Great Again（MAGA）」を訴えることが空しいほどにアメリカはバイデン民主党により破壊されたのである。

中間選挙では下院は共和党が過半数を得た。上院は民主党支配のままとなったが、下院は予算を握る。バイデン政権はこれまでのような大番振る舞いはできない。左翼全体主義化したアメリカ政治が、常識を取り戻せる兆しである。それが本当に成功するか否かはこれからの2年間にかかっている。２０２４年の大統領選挙では民主党から政権を奪い返さなくてはならない。

本書は、これからの2年間の「米国政治観察ガイドブック」である。

２０２２年　大雪

渡辺惣樹

ネオコンの残党との最終戦争　目次

第2章　自壊する教育組織、目覚める国民

第3章　崩壊するメディア

第4章 露見するバイデン政府官僚の悪行

――メディア統制とワクチン強制行政

第5章　戦う共和党への脱皮

第6章　ウクライナ戦争考

第7章 中間選挙後の米国

第1章

消えた言論の自由

一般人に先駆けて啓蒙された頭の良い人々（前衛）が愚かな大衆を指導する。前衛が設計した素晴らしき理想の社会に愚かな羊を導く。これが共産主義（レーニン主義）の主張である。彼らが最も嫌うのは言論の自由である。愚かな大衆に余計なことを考えさせてはならない。党の示す設計図にいかなる疑念も持ってはならない。

壮大なソビエトの社会実験は１９９１年に終わった。共産主義は悪魔の思想であった。ハーバート・フーバー大統領が喝破したように共産主義は「たちの悪い宗教」だった（『裏切られた自由』）。

ソビエト崩壊から30年以上が経った現代社会ではソーシャルネットワークが構築された。そのインフラストラクチャーが言論の自由をこれまで以上に担保するはずであった。しかしそうはならなかった。

1 ソーシャルメディアの免責特権

言論の自由は、先人たちが血を流して勝ち得た権利である。日本国憲法（第21条）も米国憲法（米国憲法修正第1条）もそれを保証する。現代人の誰もがその権利が民主主義国家で侵されることはないと当たり前に思っていた。しかしそれがいま風前の灯である。

YouTuberたちは、コロナワクチンの効果への疑問や副作用（副反応）問題をまともに議論すればBANされることに気づいた。広告収入を維持するためには人工頭脳による検閲から逃れなくてはならない。彼らは直ちに言葉を言い換えた。コロナを「流行り病」、ワクチンを「お注射」にした。あるいは、コロナ、ワクチン、副作用といった単語に「ピー」を入れ、言葉を消した。AI検閲から逃れるためである。

かつては他者とのコミュニケーションは難しかった。固定電話や手紙がそのツールだった。電話のない家庭も多かった。筆者の世代では、恋人とのデートも一苦労だった。日時と場所をしっかり打ち合わせないと会うことも難しかった。急病になったり、電車の遅延があっても容易に連絡ができなかった。待ち合わせの相手が現れた時は嬉しかった。

待ち人が現れないことも多かった。筆者は待ち合わせに国鉄（現JR）御茶ノ水駅改札前を使うことが多かった。そこには小さな黒板が用意されていて「＊＊＊君、遅い、先に行く」、「＊＊さん、1時間待った。帰る」などと殴り書きされていた。

言論の場もほとんどなかった。自身の考えを発表できるのは新聞や雑誌の投書欄くらいであった。そうした時代はとうに去って、他者とのコミュニケーションはスマートフォンやソーシャルメディアを通じて容易になった。

ソーシャルメディアはサイバー空間に言論の広場（プラットフォーム）を提供する。ソーシャルメディアは、その言論の中身に責任を持たない。脅迫や名誉棄損の疑いのあるコンテンツあるいはチャイルドポルノが晒されてもメディア自体に責任はない。アップした本人とその内容に被害を被った者との間で法的問題が発生するだけである。これがソーシャルメディアに対する基本的な考え方になった。

米国は、ソーシャルメディア運営会社は、「言論のプラットフォームの提供だけであるから、そこで掲示された内容については責任を問われない」と法律で定めた。１９９６年に成立した通信品位法第２３０条である。

「プロバイダ（ＳＮＳ等のプラットフォームサービス及びＩＳＰ）は、①第三者が発信する情報について原則として責任を負わず、また、②有害なコンテンツに対する削除等の対応（アクセスを制限するため誠実かつ任意にとった措置）に関し、責任を問われない」（傍線筆者）[*1]

先の御茶ノ水駅前にあった連絡黒板の例でいえば、その黒板にわいせつな言葉や「殺してやる」などと書かれていても国鉄には責任を負わせないと言っているのと同じことである。さらに、国鉄がそのような「不適切」と思われる書き込みを消しても「検閲」とみなさないということである。黒板という通信伝達のプラットフォームを提供する国鉄は免責である。この解釈は世間の常識に合致する。

2 ハンター・バイデンのラップトップ事件

前節で、ソーシャルメディアによる「検閲」は許され免責になっていることを書いた。免責にすべき理由も書いた。ソーシャルメディア上に現れる表現すべてにプラットフォーム提供者が責任を持たされれば、ソーシャルメディアそのものがビジネスとして成り立たない。通信品位法第230条は健全なソーシャルメディア育成のために用意された法律だった。

ただし「検閲の責任」から逃れるには条件が課されている。その検閲は有害コンテンツ排除を目的とした「誠実かつ任意にとった措置」でなくてはならない。ところが、GAFAに代表されるソーシャルメディアによる検閲が、「本当に誠実で任意なのか」という疑問が湧いている。彼らは民主党あるいはバイデン政権に有利な検閲を行ってきたし、現在もそれが継続している。

その疑念の出発点は、GAFAに代表されるソーシャルメディアをコントロールするグローバル企業の経営者や従業員がほぼ100%民主党支持という事実にある。そのことは彼らの寄付行動で明らかである。

例えばFacebook（現メタ）とツイッター従業員の政治献金はその90%以上が、民主

NEW YORK POST

Page Six

METRO EDITION

Revealed: Ukrainian exec thanked Hunter Biden for 'opportunity to meet' veep dad

BIDEN SECRET E-MAILS

EXCLUSIVE PAGES 4-7

「ハンター・バイデンのラップトップコンピューター事件」を報じるニューヨークポスト紙（2020年10月14日付）

党へのものであった（フォックスニュース２０２０年10月16日付）。[*2] この数字は、こうした会社は取り扱う情報（ニュース）を徹底的に民主党有利に加工しているのではないかと疑わせていた。

疑いが事実となったのは、「ハンター・バイデンのラップトップコンピューター事件」であった。

ジョー・バイデン大統領の息子ハンターは自身のラップトップコンピューターを地元の町のコンピューター修理専門店に持ち込んだ。修理を終えた修理店オーナーは、ハンターに連絡したが一向に取りにこない。もちろん修理費用は未払いである。ここから「ハンター・バイデンのラップトップ事件」に発展する。この問題を最初に報じたニューヨークポスト紙によれば、この事件は次のような経緯であった。

２０１９年4月、デラウェア州の個人経営の小さなコンピューター修理ショップに男が現れ、「ラップトップコンピューターが水に濡れてしまって故障した。データを回復してほしい」と依頼した。面倒な作業だったがオーナーはデータを回復し外付けハードドライブに移した。修理を終えたオーナーは、依頼主に何度もコンタクトしたが依頼主はラップトップを取りに来なかった。当然に修理費は支払われていない。依頼主の素性を知らないオーナーは、回復したデータを使って依頼主情報を探った。彼は、その作業の過程で驚愕の内容（後述）を見た。恐ろしくなった彼は直ちに第三者に知らせることを決めた。

ロバート・コステロ弁護士

オーナーがコンタクトした第三者は複数に上るが、その中にＦＢＩとロバート・コステロ弁護士がいた。彼が、コステロ弁護士にもコンタクトしたのは今から振り返れば正しい判断だった。コステロは、ルディ・ジュリアーニ元ニューヨーク市長の顧問弁護士だった。ジュリアーニは、当時再選を目指すトランプ大統領選挙対策本部の幹部だった。言うまでもないが２０２０年は、大統領選挙の年であった。

連絡を受けたＦＢＩは、直ちに法的手続きを取り、オーナーの証人調書をとると決めた。同時に当該コンピューターの引き渡しを求めた。オーナーは、提出前に急ぎ複数のコピーをとった。これもいま振り返れば正しい判断であった。

コピーされたファイルの１つがジュリアーニの手元に届けられた。それはトランプ大統領の元上級顧問だったスチーブ・バノンに渡った。バノンは、ニューヨークポスト紙に情報を伝えた。ニューヨークポスト紙が「バイデンの秘密のＥメール」と大見出しで報じたのが２０２０年10月14日のことだったのである。

２０２０年の大統領選挙日（２０２０年11月３日）は、３週間ほど先に迫っていた。劣勢を感じ取っていた民主党バイデン陣営はパニックに陥った

３ 中国企業との癒着を示すメール

小さな町のコンピューター修理店オーナーがコピーしたハンターのコンピューター情報はこうしてメディアに知れた。その内容はおぞましいものであった。

ハンターは、コカイン常習者だった。彼自身がコカインを吸引し、売春婦とおぼしき女たちと戯れる画像がファイルにあった。比較的「おとなしい画像」を次頁に示した。

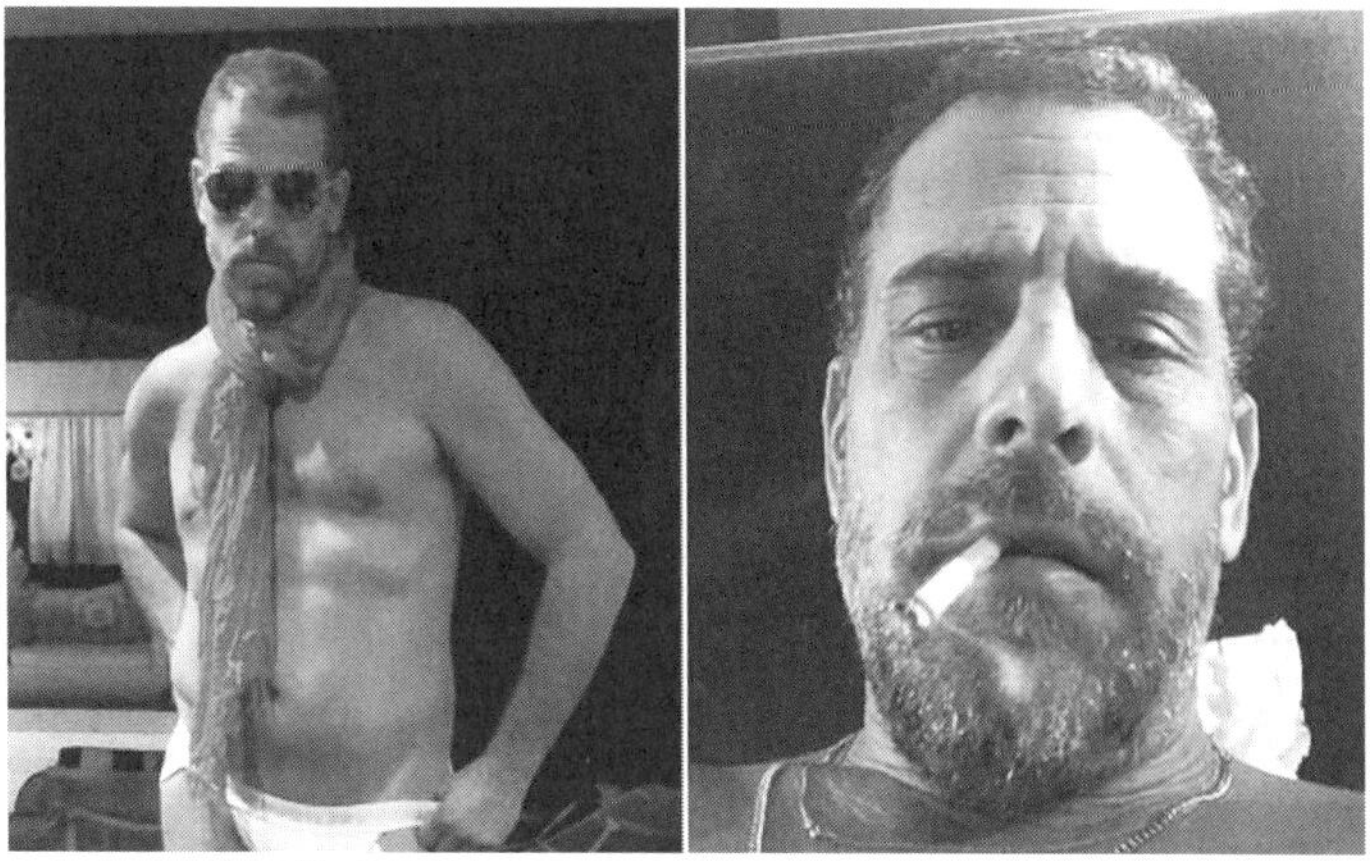

ハンター・バイデンの画像

ハンターの異常性癖を示す画像やビデオは、民主党にとってはさほど問題ではない。個人の性癖の問題であり、未成年との不適切な行為があれば個人として罰せられればそれで済む。

しかし、回収されたファイルにはハンターが、父の権力、特に米外交における影響力を利用して外国政府あるいは外国企業から賄賂を得ていたと疑われる情報が多数含まれていたことだった。その賄賂の一部が「Big Guy」にも流れているらしいことを示していた。「Big Guy」とは言うまでもなくジョー・バイデンのことである。

それを示す一例が、ヴァディム・ポザルスキ（Vadym Pozharskyi）からのEメール（Gメール利用）だった。そこには次のように書かれていた（翻訳筆者、原文次頁）

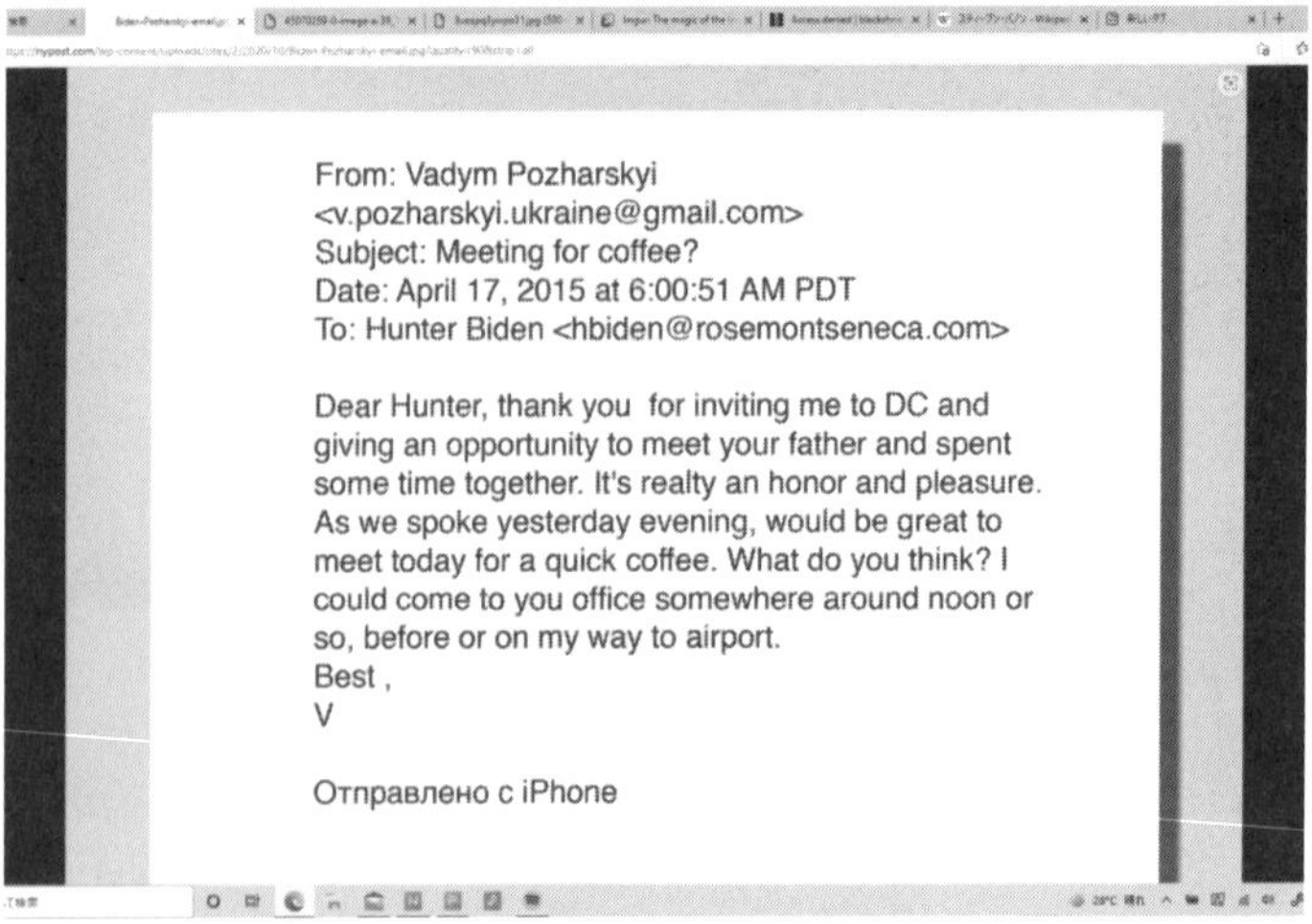
From: Vadym Pozharskyi
<v.pozharskyi.ukraine@gmail.com>
Subject: Meeting for coffee?
Date: April 17, 2015 at 6:00:51 AM PDT
To: Hunter Biden <hbiden@rosemontseneca.com>

Dear Hunter, thank you for inviting me to DC and giving an opportunity to meet your father and spent some time together. It's realty an honor and pleasure. As we spoke yesterday evening, would be great to meet today for a quick coffee. What do you think? I could come to you office somewhere around noon or so, before or on my way to airport.
Best ,
V

Отправлено с iPhone

ヴァディム・ポザルスキからのＥメール

２０１５年４月17日
発信者：ヴァディム・ポザルスキ
標題：コーヒーでも一杯

ハンター君、ワシントンＤＣではお世話になった。君のおかげでお父さん（注：ジョー・バイデン副大統領）と話すことができた。実に愉快でかつ名誉なことだった。昨晩電話で話したように、コーヒーの一杯でも飲もう。今日、空港に行く途中に君のオフィスに寄る。正午ごろになりそうだ。

ニューヨークポスト紙が報じた時点ではこれがフェイクか否かはわからなかったが、事実であればジョー・バイデンにはきわめて不利なニュースのリークだった。このメールが本物であったこと

ハンター・バイデン（左）、ヴァディム・ポザルスキ

は後に確定した。

このメールが意味することを日本の読者が理解するのは容易ではない。ポザルスキとは何者かを知らなくてはならない。日本の主要メディアは「ハンター・バイデンのラップトップコンピューター事件」をほとんど伝えていない。

ポザルスキはウクライナのエネルギー企業（石油、天然ガス）であるブリスマホールディングスの顧問だった。[*3] ハンターは、２０１４年にこの企業の役員に就任し、月額５万ドルの報酬を得ていた。エネルギー産業の専門知識もなく金融工学の知見のないハンターにこれだけ高額の月給を支払うのには理由がある。

米国の対ウクライナ外交を担当するジョー・バイデン副大統領（当時）へのアクセスを彼を使って確保するためであった。ウクライナ戦争を理解するには、バイデン一家とウクライナ政界・財界の闇の繋がりを頭に入れておく必要がある。

　ウクライナ・オルガルヒの巨頭イーホル・コロモイスキーとブリスマとは深い関係にあった。コロモイスキーは東部ウクライナのロシア系住民迫害の実行部隊アゾフ大隊を指揮する。ゼレンスキー・ウクライナ大統領とコロモイスキーは親しい関係である。

　ハンターがブリスマの役員に就任したのは、マイダン革命の直後だった。繰り返しになるがマイダン革命は米ＣＩＡ主導のアメリカ製の「革命」だった。その工作の張本人ビクトリア・ヌーランド（当時国務次官補）は、バイデン政権で返り咲き、国務次官である。組織図上はナンバースリーだが実務上はブリンケン国務長官に次ぐナンバーツーだ。

　ウクライナ戦争は、闇の人脈の連鎖を知らなければ理解できない。こうした事実を知らないあるいは無視する「識者」は、「侵略したプーチンがとにかく悪い」と訴える。ことはそれほど単純ではない。

　ラップトップに保存されていたメールはこれだけではない。中国企業との癒着を示す内容も含まれていた。

　２０１５年冬、葉簡明はワシントンＤＣにいた。ハンターのスケジュール表から、彼とハンターが会っていたのは12月７日のことだったことがわかっている。[*4] この時期、バイデン副大統領邸ではほぼ連日クリスマスパーティーが催されていた。ラップトップコンピューターには、葉簡明がバイデンと実際にこの時期に接触していたかの情報はなかったが、証言や状況証拠から2人が会っていたことは確実だった。[*5]

葉簡明は、当時中国第4位のエネルギー産業大手「中国華信能源」の会長だった。

葉は、「25歳の時、衛生用品や化学肥料関連の会社を立ち上げ」、その後、「石油を中心としたエネルギー関連の中国華信能源を創設」した。同社は「２０１４年から２０１７年まで４年連続で世界ベスト５００企業入りし、年間の営業収益が２６３１億元（約４兆５０００億円）に達し、従業員は３万人に上る」。（Ｎｅｗｓポストセブン）[*6]

２０１５年冬のバイデンは２０１６年の大統領選挙に出馬せず引退を考えていた。このころは引退後の金の成る木を探していたらしい。

２０１７年2月13日、ハンターは2人の共謀者（James Gillar, Rob Walker）を連れ、フロリダ州マイアミに飛んだ。葉と会うためである。この3週間前バイデンは副大統領の職を離れていた。[*7] 葉は、マイアミで開かれていた国際ボートショーを訪れていた。

葉は、ハンターに報酬年間１０００万ドル、期間は最低3年という条件を提示し、ジョー・バイデンの政治力（外交への影響力）を確保しようとしていた。ラップトップコンピューターには、それが紹介料であることを示すメールがあった。両者が合意したことは間違いなかった。葉からハンターに高価なギフトが贈られていることからそれがわかる。３・16カラットの

葉簡明：中国華信能源会長

鑑定書付きのダイヤモンドである。鑑定書にはカラーグレードのF、透明度VS2、カットは「Excellent」、評価額8万ドルと記されていた。[*8]
葉が、ジョー・バイデンが政権から離れたとしても十分な利用価値があると踏んだからの「ディール」だった。
このころの葉は習近平と近く、習の進める一帯一路外交の先兵的役割を果たしていた。それだけに中国政府の支援があり、予算もふんだんに使えた時期であった。しかし、ハンターとのマイアミ会談のおよそ1年後の2018年2月18日、葉は中国当局により横領で逮捕起訴された。以来行方はわかっていない。中国華信能源は2020年4月に破産した。

4 ツイッターとフェイスブックの異常な行動

ここまでに書いた内容は、ハンター・バイデンとジョー・バイデンの米国外交を利用して私腹を肥やしたスキームのほんの一部である。これだけでも十分に重大疑獄になる内容である。

しかし、米国主要メディアやソーシャルネットワーク企業は、「ニューヨークポスト紙の報道はガセである」キャンペーンをただちに開始した。彼らが、その内容の真贋を精査した形跡はない。選挙日は3週間後に迫っていた。民主党の意を受けた主要メディアはこの事件はロシアによる工作（プロパガンダ）であると決めつけた報道一色となった。

まず動いたのは、ツイッター社だった。同社は、ニューヨークポスト紙の持つアカウントを停止した。ニューヨークポスト紙は、タブロイド紙ではあるが１８０１年創業の老舗であり、それなりのステータスがあった。しかしあくまでニューヨーク市の地方紙である。「民主党に不利な情報を可能な限り拡散させない」。それが民主党の意を受けたツイッターの方針だった。この措置で、同社の「つぶやき」を誰もシェアできなくなった。

ツイッターは、「ニューヨークポスト紙の伝える内容は、ハッキングされた個人情報であり、社の方針に反するものである」とアカウント凍結を正当化した。前節までの解説でこれが嘘であることはすぐわかる。

フェイスブック（現メタ）も同様の措置をとった。アンディ・ストーン（コミュニケーション政策担当部長）はツイッターで次のように呟いた。

「ニューヨークポスト紙の記事は、フェイスブックが依頼する第三者機関にファクトチェックさせなければならない。それまではわがフェイスブックのプラットフォームを使ったこの情報

の拡散を制限する」（2020年10月15日）

大統領選挙日が目前に迫った民主党としては、なにがなんでもこの問題を有権者の目に触れさせてはならなかった。だからこそツイッターとフェイスブックのとった措置に感謝した。選挙が終わるまでは何としても隠し通さなくてはならなかった。

首を傾げざるを得ない両社の「検閲措置」を、大手メディアに登場する「評論家」やコメンテーターが支持した。[*9] 例えばワシントンポストのコラムニストであるマックス・ブーツは次のように書いた。ブーツはネオコンのタカ派理論家として有名である。

「ニューヨークポスト紙のハンター・バイデンにかかわる報道は嘘（false）である。ロシアによる偽情報プロパガンダ工作と考えて間違いない」

CNNのアンカーであるウルフ・ブリッツァーも負けてはいない。

「われわれはこの報道がロシアの工作活動であると知っている。これは我が国の諜報組織からの情報である」

MSNBCのデイブ・アロンバーグはプーチンを責めた。

「この報道にはどうもモスクワのプーチンが絡んでいそうだ」

主要メディアの「知識人」がこれほど強気にロシア工作を主張したのは、彼らが皆民主党支持者であることに加えて、ブリッツァーが言うようにアメリカ諜報組織が「ロシアの工作であることは間違いない」とお墨付きを与えていたからである。

ＣＩＡ元長官を筆頭とする錚々たる米国諜報組織関係者51人が、署名文書を作成し、そのように主張したのである。次頁にその一部を示した。

ジョー・バイデンはこれに勢いづいた。トランプ大統領との討論では、この文書を根拠に、ニューヨークポスト紙報道は「ゴミ」だと吐き捨てた。

ニューヨークポスト紙報道をロシアのプロパガンダ工作だと断定する文書に署名した諜報関係者の中には以下のような人物がいた。

レオン・パネッタ　　　　元ＣＩＡ長官（オバマ政権）
ジェイムズ（ジム）・クラッパー　　元国家情報長官（オバマ政権）
ジョン・ブレナン　　　　元ＣＩＡ長官（オバマ政権）
マイケル・ヘイデン　　　元ＣＩＡ長官（ジョージ・Ｗ・ブッシュ政権）

5 FBIとの癒着を告白したザッカーバーグ

民主党、ソーシャルネットワーク、主要メディア、ネオコン官僚（諜報組織）の見事な連携で、ラップトップ事件が、選挙前に国民的関心事になることを防いだ。２０２２年5月、この

Such an operation would be consistent with some of the key methods Russia has used in its now multi-year operation to interfere in our democracy – the hacking (via cyber operations) and the dumping of accurate information or the distribution of inaccurate or misinformation. Russia did both of these during the 2016 presidential election – judgments shared by the US Intelligence Community, the investigation into Russian activities by Special Counsel Robert Mueller, and the entirety (all Republicans and Democrats) on the current Senate Intelligence Committee.

Such an operation is also consistent with several data points. The Russians, according to media reports and cybersecurity experts, targeted Burisma late last year for cyber collection and gained access to its emails. And Ukrainian politician and businessman Adriy Derkach, identified and sanctioned by the US Treasury Department for being a 10-year Russian agent interfering in the 2020 election, passed purported materials on Burisma and Hunter Biden to Giuliani.

Our view that the Russians are involved in the Hunter Biden email issue is consistent with two other significant data points as well. According to the Washington Post, citing four sources, "U.S. intelligence agencies warned the White House last year that Giuliani was the target of an influence operation by Russian intelligence."

In addition, media reports say that the FBI has now opened an investigation into Russian involvement in this case. According to USA Today, "...federal authorities are investigating whether the material supplied to the New York Post by Rudy Giuliani...is part of a smoke bomb of disinformation pushed by Russia."

We do not know whether these press reports are accurate, but they do suggest concern within Executive Branch departments and agencies that mirrors ours. It is high time that Russia stops interfering in our democracy.

Signed by,

Jim Clapper
Former Director of National Intelligence
Former Under Secretary of Defense for Intelligence
Former Director of the National Geospatial Intelligence Agency
Former Director of the Defense Intelligence Agency

Mike Hayden
Former Director, Central Intelligence Agency
Former Director, National Security Agency
Former Principal Deputy Director of National Intelligence

Leon Panetta

米国諜報組織関係者による署名文書

事件を知っていたらバイデンに投票しなかったと答えたものは、16％にも上るという世論調査が発表された。

バイデンの勝利は不正選挙によるものであることは疑いの余地はないが、メディアの異常なまでの民主党への肩入れがあった。言い方を換えれば、これだけのメディアバイアスがありながらも、民主党は選挙不正をせざるを得なかったのである。

ソーシャルネットワークの雄の1つがいうまでもなくフェイスブックである。同社はいま社名を変えメタとなった。変更の理由はオンライン上に三次元グラフィック空間を創造する会社を目指すからであると説明されている。これが成功すると、ホログラム化した人間の瞬間移動も可能になるらしい。壮大なビジョンを語るザッカーバーグにとって、フェイスブックはメタ空間創造のための一里塚のようだ。

夢を語るザッカーバーグが、2022年8月、FBIとの提携関係を自ら認め、「誠実でない検閲」があったことを告白した。ジョー・ローガン（ポッドキャスト司会者）によるインタビューで、次の2点を認めた。（India Today　2022年8月26日）。[*10]

1　フェイスブックは、7日間にわたって、ハンター・バイデンのラップトップ事件についての投稿を検閲した。

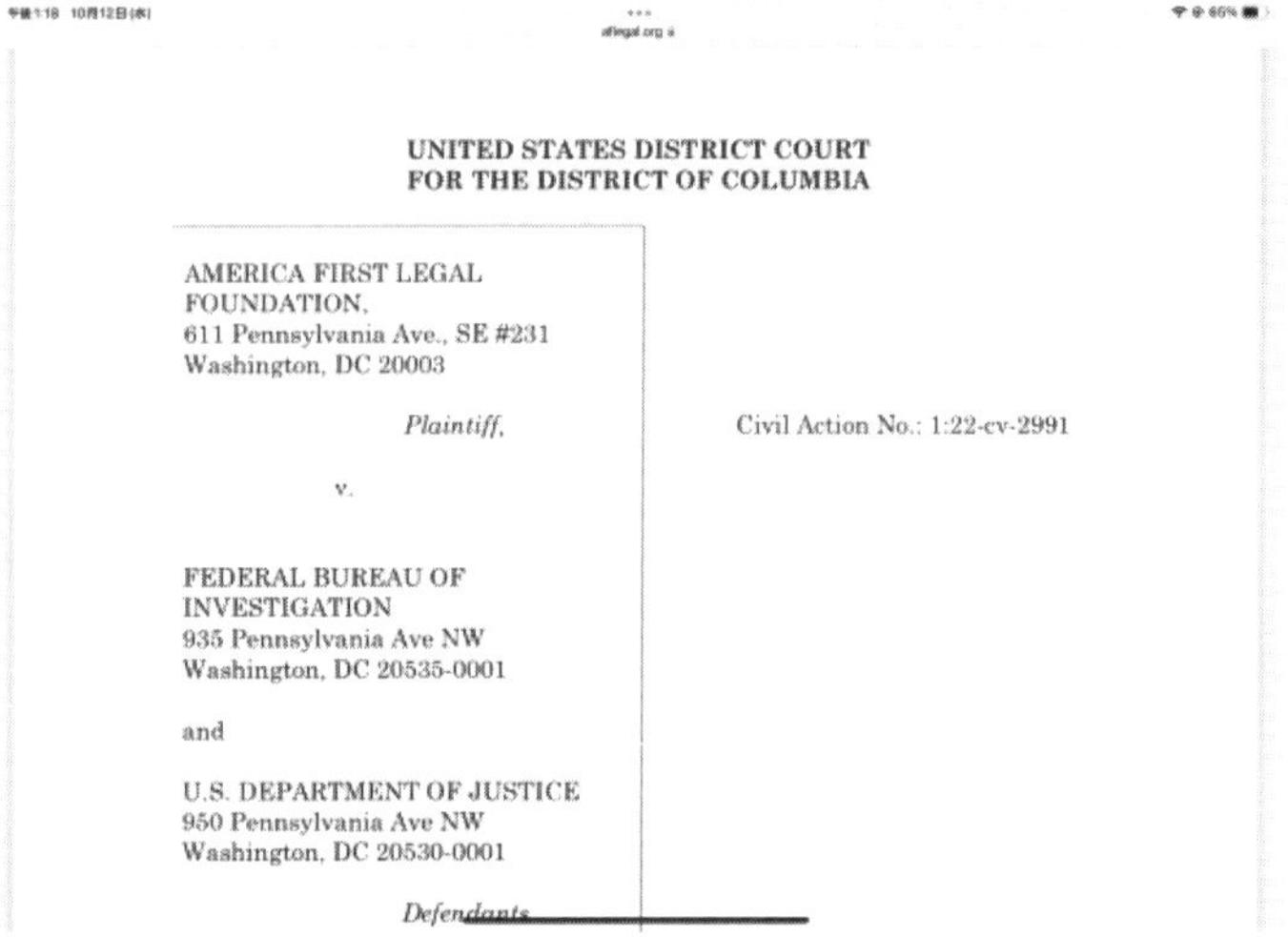
UNITED STATES DISTRICT COURT
FOR THE DISTRICT OF COLUMBIA

AMERICA FIRST LEGAL FOUNDATION,
611 Pennsylvania Ave., SE #231
Washington, DC 20003

Plaintiff,

v.

FEDERAL BUREAU OF INVESTIGATION
935 Pennsylvania Ave NW
Washington, DC 20535-0001

and

U.S. DEPARTMENT OF JUSTICE
950 Pennsylvania Ave NW
Washington, DC 20530-0001

Defendants

Civil Action No.: 1:22-cv-2991

司法省およびFBIに対する情報公開訴状冒頭部分（2022年10月４日付）

2　その理由はＦＢＩからの、「ロシアによるプロパガンダである」との警告があったからだ。

さらに、フェイスブックの判断はＦＢＩの要請によるもので、（自社の判断で検閲した）ツイッターとは違うと語った。ザッカーバーグは、何がプロパガンダ情報なのかの判断は難しいと一瞬苦悩の表情を見せた。

彼の告白は、先に書いた通信品位法２３０条にかかわる重大な問題を晒すことになった。同法では、「有害なコンテンツに対する削除等の対応（アクセスを制限するため誠実かつ任意にとった措置）に関し、責任を問われない」（傍線筆者）と規定されている。

もしザッカーバーグの言うように、ＦＢＩの警告あるいは指導に基づいて検閲が行われたのであればその検閲はもはや任意ではない。フェイスブックは準「政府機関」とみなされ、中立のプラットフォームプロバイダーとはみなされない。そうなれば、同法の免責要件は満たされないのではないか。こうした意見が出てきたことは当然であった。

２０２２年10月４日、ＦＢＩおよび同組織の上部機関に当たる司法省に対して、ソーシャルネットワークにいかなる圧力をかけたのかを示す情報の公開を求める提訴がなされた。提訴したのは、アメリカファースト法務基金（America First Legal Foundation）である。

訴状の冒頭部分は概略以下のような内容である。

１　原告（アメリカファースト法務基金）は、ＦＢＩおよび司法省を被告として、情報公開法に基づいた行動を取るよう求める。

２　ハンター・バイデンのラップトップコンピューターの内部には、現大統領ジョー・バイデンおよびその家族（親族）が、ビジネス上の関係を通じて、中国共産党あるいはウクライナのオルガルヒによって篭絡されている内容が含まれる。それを示す報道は多数出ている。

３　ＦＢＩとビッグテックは結託し、ニューヨークポスト紙の報道は虚偽である、あるいはロシアのプロパガンダ工作だとするプロパガンダ情報を報じた。そのうえで、ラップトップコンピューターの内容を報道させない検閲措置をとった。

4　そのことを示す証拠は多数あるが、とりわけフェイスブック（当時）のＣＥＯであったマーク・ザッカーバーグは、ビッグテックと政府組織が共謀して、ジョー・バイデンが２０２０年選挙で勝てるよう工作した。

上記は、10頁にわたる訴状の一部であるが、ハンター・バイデンラップトップコンピューター事件の概要は十分に理解されると思う。

アメリカファースト法務基金は、スチーブン・ミラー（ユダヤ系）が設立した非営利組織である。ミラーは、トランプ前大統領のスピーチライターを務めたこともあり、２人は長年の友人でもある。

⑥ 検閲を正当化するハーバード大学教授の「狂気」

ザッカーバーグは上述のインタビューで、フェイスブックなどのプラットフォームにとって自由な言論の場を提供するという建前の重要性を語っていた。そのこともあり第三者によるいわゆるファクトチェックを重視すると述べてはいた。彼の潜在意識に政府機関であるＦＢＩに協力したことに些かの罪悪感はあるように感じられた。

ザッカーバーグが、「ツイッターはフェイスブックとは違い、自社が指名するファクトチェック組織を通じた検閲を実施している」と発言をしたことは先に述べた通りである。

そのツイッターは、現在イーロン・マスク（テスラ、Space X）による買収が完了した。マスクは、同社のプラットフォームを完全に自由な言論の場にすると述べている。マスクによるツイッター買収については「第3章　崩壊するメディア」で詳述するが、ここに書いた訴訟も含めて、巨大ソーシャルメディアが民主党あるいは政府組織と怪しい結託をしていた事実は、新オーナーとなったマスクによって白日の下に晒されている。

マスクはこれまで民主党支持者だったが、同党のあまりの左傾化・全体主義化を見て今後は共和党を支持すると述べている（フォーチュン誌２０２２年5月17日）。実際、先の中間選挙では人生で初めて共和党に投票したと述べた（Fox News、２０２２年11月7日）。

それにしても、なぜソーシャルメディアあるいは既存の大手メディアは、これほどまでに言論の自由の保証を軽々しく扱うようになったのか。それを考える１つのヒントが、ある学者の主張である。この人物はハーバード大学法学部教授のキャス・サンスティーン（ユダヤ系）である。

検閲を正当化するキャス・サンスティーン教授（ハーバード大学法学部）

サンスティーンは、シカゴ大学助教授時代から「言論の自由のニューディール」なる概念を振り回して、政府の言論統制は許されるという主張を展開していた。

米国憲法修正第1条の根本は、政府の検閲から国民を保護するにあった。しかし、サンスティーンは、「民主主義と言論の自由の問題点」（Democracy and the Problem of Free Speech」（1995年）なる書を発表し、「国民は良い情報に接しなければより良い判断が出来ない」、したがって「国民がより幸福になるためには、悪い情報を排除し、より良い情報に接する必要がある」、「そのためには政府による情報の『浄化』が必要だ」と訴えた。

政府の介入を是とするとんでも主張は狡猾なロジックで飾られていた。

「政府の設計する、より良き社会の創造のためには、国民を穏やかなやり方で誘導してやればよい。国民自らの判断を、政府の狙いに一致させればよい」

これが彼の主張だった。彼は、政府の情報統制をＧＰＳナビゲーターに例えた。ＧＰＳは目的地に行くための道筋を示すだけの道具である。最終判断はあくまで運転手のものである。Ｇ

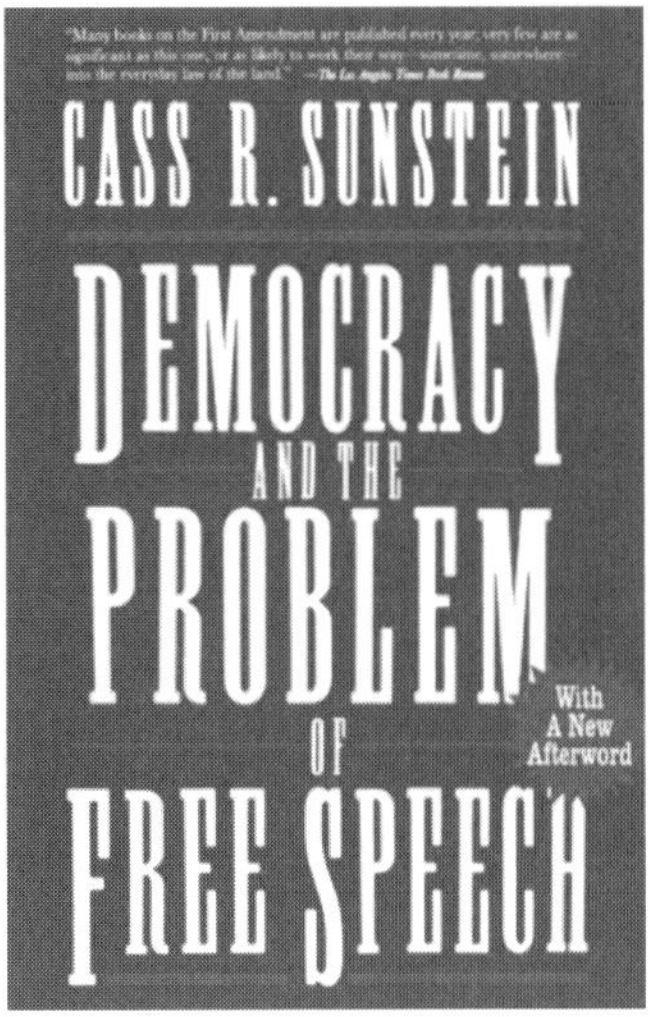

ＰＳはいくつかの判断基準を示しているだけにすぎない。

ここで重要なのは、ＧＰＳ機器が運転手とはケンカしないという点である。

政治家は、国民との衝突を嫌う。それを回避しながら彼らの理想社会を実現するには、政治家が「社会改革の指針を示すＧＰＳ」になればよい。「よりよき社会」の実現のために、国民が自ら判断したかのように思わせながら、国民に政府の都合のよい行動を取らせる。

サンスティーンは、国民は、放牧されている牛だと考えた。牛舎に閉じ込めるのに、無理に追い立てることはしない。

牛にゆっくりと判断させ歩くべき道を決めさせる。そのすべての道は牛舎につながっているように設計すればよい。みずからの判断で勝手にやってきた牛は牛舎に入ることを拒否しない。要するに、国民に自らの判断による行動であると思わせればよいと主張した。

愚かな主張だが、このサンスティーンの主張を取り入れたのがオバマ元大統領であり、英国では２０１０年5月に政権についたデイヴィッド・キャメロン首相だった。

デイヴィッド・キャメロン首相（任期：2010年～2016年）

キャメロンは、首相になる少し前の2010年2月、2人の学者に意見を聞いていると語った。その1人がキャス・サンスティーンだった。

自らの判断で行動した結果が政府の狙い通りの国民行動になる。実に都合のよい手法である。通常は、誰もが反対できないような崇高な目標を掲げる。そうすることで、その方法論の議論をも、政府の考える方策以外の異論を認めないように誘導する。

政府の方法論に異論があるだけで、崇高な目的に反対する不届きな輩というレッテルを貼ればよいのである。その結果として、「自由な言論こそが崇高な目的達成の障害物だ」というおかしな結論が導かれる。

だからこそ、このトンデモ理論に惹かれた政治家（政権）は、メディアによる言論統制を重要視する。彼らは「前衛」である。つまり頭の良い政治家と官僚が考える理想の世界を作るのだから国民は余計なことは考えるなと本気で考えている。その意味で、フランス革命やロシア共産革命の指導者が訴え、そして失敗した道を繰り返しているのである。

ルイス・ブランダイス最高裁判所判事
（任期：1916～1939年）

20世紀はじめに米国最高裁判所判事を務めたルイス・ブランダイスは、「政府が、国民のためであると主張するときにこそ、言論の自由を封じる悪い癖が出る」と注意を喚起していた。

【第1章・脚注】

＊1：三菱総研、インターネット上の違法・有害情報を巡る米国の動向、２０２１年3月17日、ｐ２

＊2：90% of Facebook and Twitter employee political donations is to Democrats | Daily Mail Online

＊3：New York Post, October 31, 2020

＊4、5、7、8：同、November 28, 2021

＊6：Newsポストセブン、２０１８年3月28日

＊9：Wendell Husebo, Breitbart, March 17, 2022

＊10：India Today Web Desk, August26, 2022

第2章

自壊する教育組織、目覚める国民

前章末に、ハーバード大学キャス・サンスティーン教授のトンデモ理論を紹介した。全米の大学には彼のような左翼全体主義思想に凝り固まった教授が跋扈している。そうした教授連に教育を受けた若者が社会の中枢で「活躍」しているのが現在のアメリカ社会である。

彼らは前衛思想を持っている。「共和党支持者は低学歴の愚かな国民である。高等教育を受けたわれわれが彼らを導いてやらなくてはいけない」と心底信じている。そこには差別意識がある。このことは、彼らと話をすればすぐに気づく。共和党支持者を「Red Neck」と呼ぶからである。

「Red Neck」は要するに、首まで真っ赤に日焼けした肉体労働者を蔑む言葉である。東部諸州や西部太平洋沿岸の大学でエリート教育を受けた民主党支持者が好んで使う。

アメリカでは、ほとんどの大学で保守思想をもつ学者は教授職から排除された。民主党が主張する「弱者に優しい政治」、「環境に優しい政治」、「批判的人種理論（Critical Race Theory）」、「LGBTQ」といったアジェンダに些かでも異議を唱えると過激学生による身体的暴力に晒される。

その惨状を主要メディアは伝えない。アメリカの伝統を守りたいという主張は、「アメリカの歴史は弱者を虐待した歴史であって、その結果としてアメリカ社会にはあらゆる差別が制度的にビルトインされている」と主張する批判的人種理論に圧倒されている。

しかし、次第にアメリカ国民は大学教育の狂気に気づき始めた。そうした大学教育を受けてメディアで「活躍」するコメンテーターの嘘を見破るようになった。

1 ハーバード大学のネオコン思想教育

前節でサンスティーン教授のトンデモ理論を紹介した。彼は、米国ではアイヴィリーグの雄とされているハーバード大学で教える。日本でも同大学卒の肩書をかざしてメディアに登場する「知識人」がいるが、「ハーバード大学卒の肩書は恥」とみなしたほうがよいかもしれない。

この大学は民主党的左翼全体主義を若者に教え込む（洗脳する）悪しき教育機関と化した。先に、トランプ政権では多くのネオコン官僚が排除されたことを書いた。ネオコン官僚の中でもビクトリア・ヌーランドは国務省次官補時代、ウクライナにおけるマイダン革命を主導したことを述べた。

オバマ政権の干渉主義外交を嫌うトランプ大統領は、ネオコン官僚を放逐した。2019年10月、ハーバード大学ケネディスクールはヌーランドを主席研究員に迎えた。同大学は彼女を最大級の賛辞の言葉で紹介している。[*1]

「ヌーランド女史は、32年の外交経験のあるベテラン外交官である。彼女は、2013年9月から２０１７年１月まで、バラク・オバマ大統領およびジョン・ケリー国務長官の下で、ヨーロッパ・ユーラシア問題担当国務次官補を務めた。ヒラリー・クリントン国務長官時代には国務省スポークスマンを、ジョージ・W・ブッシュ政権ではNATO担当大使であった」

「彼女は現在オルブライト・ストーンブリッジグループの上級顧問、ブルッキングス研究所上級研究員、全米民主主義基金（NED）ボードメンバーである」

ここに記されたヌーランドが所属する諸団体はネオコン系組織ばかりである。オルブライト・ストーンブリッジグループは元国務長官マデレーン・オルブライト（ユダヤ系）の設立したオルブライト・グループとストーンブリッジインターナショナルが合同したコンサル企業である。

２０２２年3月に84歳で亡くなったオルブライトは、ネオコンの巨頭であった。彼女は湾岸戦争後の経済制裁についての考えを聞かれたことがあった。（ドキュメンタリー番組「60ミニッツ」１９９６年5月12日）

質問者（Leslie Stahl）：（経済制裁で）イラクの子供たちおよそ50万人が死んだと聞いています。これは広島の犠牲者よりも多い。これだけの犠牲をだす必要があったのでしょうか」

オルブライト：難しい質問です。しかし、この犠牲は（サダム・フセイン政権をつぶすためには）十分に価値がありました。

彼女のこの言葉に多くの人々が驚いた。この言葉こそが、「アメリカの気に入らない国は政権を崩壊（レジームチェンジ）させても構わない」と考えるネオコンのメンタリティーを如実にあらわすものだった。

ブルッキングス研究所もネオコン系シンクタンクである。同研究所の上級研究員にはヌーランドの夫でありネオコンの理論家ロバート・ケーガンがいる。

「ブルッキングス研究所は、フランクリン・ルーズベルト第32代大統領がニューディール政策を実行する際にその政策形成に深くかかわった『政府活動研究機関』が母体。（中略）所属の学者や研究員を民主党歴代政権に送り込んで政策的影響を及ぼしてきた。また民主党政権が下野する際には多くの高官たちの受け入れ先にもなっている」

「ジョー・バイデン政権の国家安全保障会議（ＮＳＣ）をはじめ国務・国防両省など軍事外交分野の要職にはブルッキングス研究所から19人が送り込まれている」[＊2]

全米民主主義基金（ＮＥＤ）はＣＩＡのダミー組織である。ＣＩＡはイラン・コントラ事件（１９８６年）をきっかけに直接的に他国内政への干渉が難しくなった。そこでＮＥＤというダミー組織を利用しての内政干渉に切り替えたのである。

ハーバード大学は、左翼全体主義思想のネオコン外交官を嬉々として迎え入れた。当然そうして迎え入れられた元政府高官はネオコン思想を学生に教え込む。ハーバード大学を筆頭とした名門大学は、民主党が誇る政・官・学の鉄壁の三位一体を形成する。

② 「押しつけお目覚め主義」に侵された学生

自国の過去の「悪行」に気づいた人々は他者に先駆けて目覚めた前衛（woke）である。したがって愚かな大衆をも目覚めさせる義務がある。このような思考がwokeismである。これを表現する日本語の定訳はまだ無いようである。日本に存在しない概念であるからそれも当然である。暫定的に「押しつけお目覚め主義」と訳すことにする。些かの揶揄を含めての訳語である。

「押しつけお目覚め主義」はフランス革命やロシア革命で暴れた連中つまり人に先駆けて啓蒙されたことを自負する連中の思考と同じである。レーニン主義における前衛である。彼らは、歴史の中に自国の醜悪さをみると、それが許せない。西洋諸国の植民地主義や女性が差別されてきたと主張するフェミニズムに触れると、未熟な（幼稚な）正義感に火が点く。

あたかも10代の女の子が、父に昔、母以外の女性を愛したことがあったことあるいは売春婦と関係したことを知って嫌悪感を感じるようなものである。正常な精神があれば、そうした恋愛遍歴を含めたありのままの父を許容し父を愛することができる。そうした父の悪癖に気づいても、その矯正を試みてきた父をいとおしくなり、包容できるまでになる。

しかし、「押しつけお目覚め主義」に侵された学生らは、父の昔の「悪行」をあくまでも許さない。彼らは、そうした態度を過去の英雄に対して向ける。北米大陸発見の英雄とされていた「クリストファー・コロンバスはアメリカに奴隷制度を導入」した。建国の父「ジョージ・ワシントンやトーマス・ジェファーソンは奴隷主」であった。筆者もそうした事実を知っている。しかし彼らは、欠点がありながらも、国を愛し国民が豊かになることを考えた。英雄を含めた人間評価は総合的にすべきものである。

２０２０年5月、ミネソタ州ミネアポリスで、ジョージ・フロイドが偽札使用で警察に通報された。駆け付けた警官の尋問に素直に応じていたが、パトカーに乗せられる直前に暴れだした。警官が拘束する際に死亡した。いまウィキペディア日本語版でジョージ・フロイドと検索すると「ジョージ・フロイド（白人警官に殺された黒人男性）」として表示される（２０２２年11月22日閲覧）。

そこには、この黒人男性が突然の心肺停止を起こす薬物フェンタニルの常用者であったこと、警官の拘束方法は、同市の警察の「拘束マニュアル」に則ったものだったこと（暴れる被疑者の首を膝で押さえて拘束する方法）、当初の解剖所見では頚部圧迫による死亡の可能性は少なくフェンタニルによる突然の心肺停止と考えられるとされていたことはほとんど書かれていない。白人警官に殺された人物として読者が信じるよう誘導する記述になっている。

左翼全体主義者は、民主党的思考の拡散ツールとしてウィキペディアをも利用する。本来なら便利なはずのウィキペディアがプロパガンダに利用されている。教条的左翼全体主義者が偏執的な書き込み（編集）で、記述を偏向させる。

いずれにせよ、この事件をきっかけにして「押しつけお目覚め主義」の学生は全米で暴徒化した。それをBLM（Black Lives Matter）やANTIFAといった組織が煽り指導した。学生たちは、人種差別主義者と決めつけた英雄の銅像を破壊した。

斬首されたジョージ・ワシントン像

常軌を逸した行動を民主党は傍観した。むしろ煽るような態度で、この暴挙への取り締まりを鈍らせた。業を煮やしたトランプ大統領は、既存の法律（復員者記念碑保存法The Veterans Memorial Preservation Act, 2003年制定の連邦法）の厳格運用を指示する大統領令に署名した（2020年6月26日）。

この法律は記念碑の破壊行為に最大10年の禁固刑が規定されている。これを知った暴徒は突然に破壊行為を止めた。このことは「押しつけお目覚め主義者」が暴れるのは、そうした行為に甘い民主党政治家の物言いが大きな原因であることをあらためて知らしめた。

3 目覚めるノンポリ学生

暴徒化した若者は民主党が州知事や市長を務める地域を選んで暴れた。そうした地域では民主党系組織が募金を通じて用意した保釈金基金が豊富である。逮捕されてもすぐに保釈される。州検察が左翼暴力行為に甘いことがわかっている。起訴される可能性はほとんどない。

暴動をあおったＢＬＭは３人の共産主義者の女性によって創立された。中国共産党系組織との連携も知られる。ジョージ・フロイド事件はＢＬＭにとっては「おいしい事件」だった。巨額の寄付金が集まった。事件からおよそ半年たった２０２０年10月、彼女らは寄付金を流用しおよそ8億円の豪邸を購入した。そこで楽しく会議（パーティー）を楽しんでいた。３人の創設者のうちの１人、パトリッセ・カラーズはロサンジェルスやアトランタに3件の家を購入していた。批判を受けてカラーズは２０２１年5月、ＢＬＭの専務理事（executive director）を辞任した。

政治的関心が薄い若者、あるいは保守思想の若者は大学に入ると左翼学生からの激しい「差別」に晒される。前者は「未だ目覚めない未熟者」、後者は「Red Neckの愚か者」のレッテルが貼られる。保守系の学生は、左翼教授がほぼあらゆる学科を牛耳っている授業が面白くないだけでなくむしろ有害なことにはすぐに気づく。しかし、こうした異常な環境への不快感を口に出せない。学内を覆いつくす左翼学生の嫌がらせがたちまち始まる。

それでも、次第に勇気を振り絞って声を上げるものが出てきている。彼らの証言は生々しい。2022年1月15日、ニューヨークポスト紙はそうした学生5人の証言を報じた。少し長くなるが、プリンストン大学に入学（政治学）したアビゲイル・アンソニー（女子学生）の体験を訳出した。

「私の父は薬品製造業界の法律アドバイザーでした。数年ごとに転居しました。私の暮らした州はミシガン、カリフォルニア、ニュージャージーといったブルーステート（民主党の強い州）がほとんどでした」

「大学に入ると『押しつけお目覚め主義』の激しさに驚きました。新入生オリエンテーションは強制参加でした。その1つが、『安全セックスエキスポ』なるオリエンテーションでした。コンドームや大人のおもちゃが無料配布され、どこで堕胎用ピルが手に入るかも教えていました。カソリックの私は、もっと常識的（伝統的）な性に対する考え方があってもいいはずだと思いましたが口をつぐみました」

「2020年5月にジョージ・フロイド事件があると、ほぼすべての学生組織が人種差別反対を叫びました。私はクラシックバレーのクラブに所属していました、『クラシックバレーは、白人至上主義者の思想で作られたものだ』という学生代表からのEメールが届きました。癪に障りましたが黙っていました」

「これに似た事件はたくさんありました。わたしは黙るのを止めました。今私は保守系組織(Federalist Society)のプリンストン大学支部長をしています。保守系校内紙『The Princeton Tory』の編集にも携わっています。学問の自由(の回復)も訴えています」

「私はプロライフ(中絶反対)の立場です。私の主張に賛同すると言ってくれる学生は多いのですが、仲間外れにされること、成績評価に悪影響があることを恐れて黙っています。出世の障害になる可能性も心配しています。実際、警察を信頼すべきと訴えたある学生は学内スポーツチームのキャプテンの座を外されました。学問の自由を訴えた学生はすでに決まっていた企業研修がキャンセルされました」

「私(たち)の主張はわずか5年前にはなんでもない当たり前のことだったのです。政治的な主張でもなければ、党派性もないものでした。私は、仲間の目を気にして理性を失うようなことはしません。当たり前の真実を主張し続けます」

ヤングアメリカズ基金

ニューヨークポスト紙の記事はアビゲイルのほか4人の学生の体験を報じている。彼らの体験はけっして一部の保守学生の思い込みではない。2022年8月に発表されたノースカロライナ大学の調査[*3]でそれがわかる。

「リベラルと保守の学生比率は3対1である。保守系の学生のおよそ7割が自身の考えを表に出せば友人を失うと考えていた。リベラル学生でそのように思うものはわずか2割だった」

リベラル全体主義に覆われる全米の大学だが、幸いに、立ち上がる保守系の学生をサポートする組織が存在する。そうした組織は数多いが、とりわけヤングアメリカズ基金（Young America's Foundation）の活動は注目される。

この組織の設立は1969年。個人の自由、国防強化、自由主義経済、伝統的価値の尊重を標榜してきた。そして現在は、「言論の自由の回復」までも主張せざるを得なくなっている。わずか数年前まで、言論の自由の権利がこれほどまでに侵害されるとは思うものはいなかった。

いずれにせよ、こうした組織の活動で、アビゲイルのように声を上げる学生が増えている。

4 アメリカの「日教組」＝アメリカ教職員連盟と全国教育協会

全米の大学キャンパスが左翼全体主義に覆われる状況を作り出した責任の一端は、アメリカの日教組と呼ばれるアメリカ教職員連盟（ＡＦＴ：American Federation of Teachers）と全国教育協会（ＮＥＡ：National Education Association）にある。前節で大学の惨状を書いたが、初等中等教育の「成れの果て」が未熟で独善的な左翼学生が幅を利かす現在の米国大学キャンパスなのである。

ＡＦＴとＮＥＡは、民主党に巨額の献金を続けている。したがって同党はＡＦＴ・ＮＥＡの要求はなんでも聞く。

圧力団体の行動を監視するサイトINFLUENCE WATCHは教職員組合の民主党への圧力を詳細に分析している。[*4] 全米にはおよそ３２０万人の教職員（臨時教員除く）がおり組合組織率はおよそ70％である。中でもＡＦＴは民主党への多額の献金を続け、同党の政策を組合員利益のために曲げている。ＡＦＴはおよそ１７０万人の組合員を抱える。

ＡＦＴに代表される教職員組合は、児童のための教育環境改善よりも、組合員利益の最大化を求める。その典型例が未就学児童ゼロ法（No Child Left Behind Act）へのＡＴＦの対応であった。彼らが利用したのは民主党の有力上院議員テッド・ケネディだった。

ケネディ議員は、同法案をめぐっての議論では、初等中等教育の重要性を訴えると、その延長線で次のように語った。[*5]

「（確かな児童教育のためには）教職員の質を高めなくてはならない。専門家によれば児童の成績に最も影響を与えるのが教職員の質だと報告されている。（中略）成績の悪い児童は、準備不足の経験の浅い教師に教えられている。未就学児童ゼロ法は、すべての児童が質の高い教師に教えられるための法である。その実現には、連邦政府による投資が必要である」（傍線筆者）

要するに、教師の給与を上げろ。その原資は連邦政府の予算で手当てせよと主張しているのである。未就学児童ゼロ法は、「教師給与値上げ法」を言い換えたに過ぎなかった。民主党は、このように中身を隠して、民衆受けする法案名をつける術に長けている。

コロナ対策においても巨額の連邦予算が組まれた。その際にも民主党支持組織への予算付けがふんだんになされている。コロナ対策とはまったく関係ない事業に対する補助金である（後述)。

「教師給与値上げ法」を、民主党を利用して仕掛けたのは当時のＡＦＴ委員長サンドラ・フェルドマンだった。組合員の給与引き上げには熱心だった一方で、彼女は組合員が競争に晒されるのを嫌った。共和党は、児童の学校を選べる権利（School Choice）を重視した。児童が学校を自由に選べれば、学校間に競争原理が働く。フェルドマンにとってはとんでもないことである。フェルドマンは共和党の提案をつぶした。

フェルドマンに続いたエドワード・マッケルロイ委員長は、アメリカ労働総同盟・産業別労働組合会議（ＡＦＬ―ＣＩＯ）との連携を強化し、２００８年の民主党大統領候補戦ではヒラリー・クリントンを推した。

ランディ・ワインガーテンATF委員長
（任期2008年～現職）

２００８年、新委員長に就いたランディ・ワインガーテンは、共和党が求めるあらゆる教育改革法案に反対した。ＡＴＦにとっての究極の組合員保護は、いかなる状況であっても組合員を解雇させないことにある。

ワインガーテンの過激組合思想は、彼女がＡＴＦニューヨーク支部長時代に露見していた。

彼女は問題教師の解雇について厳格な手続きを求めた。その結果、雇用主であるニューヨーク市は、教員の解雇に両手を後ろ手に縛られる羽目になった。

例えば、生徒に対して性的アプローチをするなどのトンデモ教師は、とりあえず教育現場から外され、調査を待つ間、特別な部屋への出勤を命じられる。聞き取り調査などを含めた手続きをそこで待つ。しかしその手続きは亀の歩みのように遅い。決定が下るまで、問題教師は何もすることがない。その間、給与はそのままで定期昇給もある。数年にわたってこの部屋に詰める者もいた。彼らの中には、この間に参考書を読破し弁護士試験に合格した猛者もいた。公金支出を何とも思わない「ダメ労働組合」の首魁ワインガーテンは2008年から長期政権を敷いている。彼女の、政府予算獲得の手腕はコロナ禍の中でもいかんなく発揮された。[*6]

バイデン政権は、国内コロナ禍対応に巨額の予算措置を取った。1・9兆ドルという巨額予算をコロナ対策の名目で法制化した（2021年3月11日）。この巨額財政支出は米国救済計画（ARP：America Rescue Plan）と呼ばれ、現在の米国インフレの重大な要因ともなっている。

民主党は、この予算の中に、コロナ対策とは無関係な事業への補助金を巧みに盛り込んだ。それが初等中等教育救済基金への拠出1200億ドルである。教育現場への予算措置は名目上は教育現場でのコロナ禍対策費である。米教育省は、各州に予算配分のガイドラインを示した。そこにはシカゴ市の方針を参考にするよう書かれていた。

よく知られているようにシカゴは民主党の牙城である。バラク・オバマ元大統領の地盤でもある。シカゴ市は、批判的人種理論（ＣＲＴ）を徹底してカリキュラムの中に組み込んでいた。ここでもう一度この批判的人種理論（ＣＲＴ）についての筆者の理解を述べておく。

同理論では、子供たちに自国の歴史を次のように教える。

「米国は、白人至上主義の白人による非白人種への迫害が顕著な国である。米国憲法や法律では、自由や平等を謳ってはいるが、それらは白人至上主義を隠蔽する詐欺的カムフラージュである」

「隠ぺいは巧妙であり我々が気づかないように工夫されている。われわれは憲法そのものも疑わなくてはならない。端的に表現すれば、米国は人種差別があらゆる制度に組み込まれたとんでもない国なのである」

これが、米国民主党や教職員組合の思想であり、マルクス主義における、人民を「搾取する側」と「搾取される側」に単純に二分し対立を煽る愚かな主張の焼き直しである。人民を「抑圧する者」と「抑圧される者」に言い換えただけである。このような思想を支持する民主党は一般常識からすれば「共産党」である。民主党（バイデン政権）は、全米の初等中等教育でこの亜種共産主義思想を教えるよう決めていた。そしてコロナ禍を利用して予算付けしたのである。

ARPの中に、CRT教育推進予算が組み込まれたのは、言うまでもなく教職員組合の圧力だった。ARPが予算化された2021年第1四半期にAFTとNEAは民主党政治家やその関係組織に併せて200万ドルを献金していた。

「我々はバイデン大統領、ハリス副大統領、ペロシ下院議長、シューマー民主党院内総務（上院）、そしてこの法案に賛成してくれたすべての民主党議員に感謝する」（ATFランディ・ワインガーテン委員長：2021年3月11日ATFプレスリリース）

「ARPは歴史的快挙である。我が国の有色人種の児童やコミュニティは制度的組織的な不平等に晒されているが、ARPによってその多くを救済できる」（NEA委員長ベッキー・プリングル：2021年3月10日）

こうしてARPに組まれたコロナ禍対策費は体よくCRT教育予算に転用されたのである。

5 CRT教育に反発する父兄

CRT教育の過激さは日本では想像だにできない。多くの父兄が、CRTの危険性に気づき、CRTに基づくカリキュラムを少なくとも初等中等教育から排除すべきと主張しはじめた。そうした父兄による組織も増えた。その1つが「defendourkids」である。同組織は、教育現場でのカリキュラムの透明性を要求し、ＣＲＴ批判に対する言論統制を止めるよう要求している。

「defendourkids」は、「ＣＲＴにより、子供たちに肌の色を過剰に意識させる教育がなされている。米国は根本的に人種差別の国であり、作り変える必要があると教えている。このような教育は間違っているし、子供たちに悪影響を与えている」と主張する。

ＣＲＴ教育の異常ぶりを示す事例は多い。[*7]

ミシガン州バッファロー市

子供たちにクレヨンの色を使ってそれぞれの肌の色を比較させる。そのうえで、ビデオを鑑賞させる。そこでは死んだ黒人の子供が、墓の中から子供たちに（自身の受けた）人種差別を語りかける。

ノースカロライナ州ウェイク郡

教育における白人至上主義に気づかせるキャンペーンを実施。教師は、子供たちに親が「正しい教育（ＣＲＴ）の障害になっている。親の意見は無視せよ」と教えている。

ニュージャージー州の私立学校

子供たちに肌の色を意識させたうえで、人種差別する側とされる側にクラスを二分する授業を進める。そのようなやり方に耐えられない教師は自主退職した。

ミズーリ州ユーレカ教育委員会

父兄に示す教育内容とCRTに基づく内容の2種のカリキュラムを作成し、現場では後者で教育を実施していた。

ここに上げた例は氷山の一角である。あまりの教育現場の偏向ぶりに憤ったのがサンフランシスコの父兄であった。彼らは、その憤りを教育委員会にぶつけた。いうまでもなく教育委員はCRTにかぶれた者ばかりである。父兄たちは彼らのリコール運動を始めた。

サンフランシスコ教育委員会は、44の学校を管轄する。委員会は、CRT理論に則り、建国の英雄の名を冠した学校の改名を進めていた。

「ジョージ・ワシントンやアブラハム・リンカーンは米国という人種差別の国を作り上げた悪党である。そうした名前は学校から排除されなくてはならない」

同委員会は、コロナ感染収束後の学校再開を頑なに拒んでいた。教師をコロナ感染から守るためだと主張し、リモート教育継続を求めた。他州は続々と通常授業に戻っていた。

リコールされた3人の教育委員。その1人、ガブリエラ・ロペス（一番左）は委員長だった。[san francisco schol board recall at DuckDuckGo]

子供の将来よりも政治信条や教師の利益を重視するやりかたに普段は教育現場に口をはさむことの少ない父兄が憤りを爆発させた。ＣＲＴを実践する委員３人を対象にしたリコール選挙は２０２２年2月16日に実施された。３人のリコールに70％以上が賛成した。

民主党の牙城であるサンフランシスコでのリコール成功は、民主党幹部を震撼させた。民主党のプロパガンダ機関のような報道を続けるＣＮＮは直ちにこのリコールを批判した。「サンフランシスコ教育委員のリコールは危険なメッセージ」[*8]と題した記事を執筆したのは、ニコル・ヘマーという女性だった。オバマ政権時代には、口述歴史プロジェクトに参加していた。

リコール成功の衝撃は全米に広がった。すでに活発化していたＣＲＴ教育の行き過ぎを懸念する全米の父兄たちの動きに火をつけた。教育委員会の会議を傍聴するものが増え、時に教育委員に対して激しい罵声を

CRT教育反対を訴え、教育委員会に抗議する父兄（New York Post, October 5, 2021）

浴びせた。

CRT教育を推進してきた教育関係者は目覚めた父兄に怯えた。2021年9月29日、全米の教育委員会で構成する全国教育委員会協会（NSBA：National School Board Association）は、バイデン大統領に圧力をかける文書を送り付けた。当該文書はすでにNSBAのホームページから削除されているが、要するに、教育委員会の決定に反対する父兄の行動は国内テロ（a form of domestic terrorism）だと断じ、政権に「善処」を求めたのである。

文書はNSBAの2人の幹部（チップ・サリバン〈CEO〉、ヴィオラ・ガルシア〈President〉）の連名で作成されていた。その1人であるサリバンは自身の行動を誇るかのようにNSBAのボードメンバーに、大統領への直訴に加えて、ホワイトハウスのスタッフと対応策を練っていると説明した。[*9]

⑥ ガーランド司法長官による司法の政治利用

「父兄たちは教育委員（会）を脅している。彼らの行為はテロリズムであるから米国愛国者法（Post 911 Patriot Act）を含む法を厳格運用して対処すべきだ」

これがサリバンの主張だった。米国愛国者法は、２００１年に発生した９１１事件を受けて成立した法律で、アルカイダなどのテロ組織に対処するためのものだった。サリバンは、教育委員会の方針に抗議する父兄はアルカイダと同じであると決めつけた。

常識的に考えれば、この主張に対して、「父兄らの主張も聞きながら対策を考えてください」が、ホワイトハウスがすべき対応である。しかしバイデン政権の官僚は、より具体的に父兄による「テロ行為」を調べ上げるように指示した。火に油を注ぐアドバイスだった。

ＮＳＢＡがバイデン政権に「善処」を求めた5日後の10月4日、早くも具体的な動きがあった。メリック・ガーランド司法長官が、ＦＢＩを含む検察関係者に対して教育委員会あるいは教育関係者に対する父兄の「テロ行為」の捜査を命じたのである。その指示書（65頁）は次のように始まっていた。

「教育行政官、教育委員会委員、教師などの公教育関係者に対する嫌がらせ、脅迫、暴力行為が近頃急増している。前向きな討論については憲法の保証があるが、思想信条を理由にした暴力による脅迫などには適用されない。官僚に対する暴力は不法行為であるだけでなく、我が国の基本的な価値観を破壊するものである」

さらには、父兄の動きの背後には差別主義過激組織の影があると述べ、FBIテロ対策部門には愛国者法の適用まで含む捜査を指示した。過激組織が背後にいる証拠はどこにもなかった。ガーランド司法長官の憶測に基づく指示であった。

父兄たちは、CRT教育、児童へのマスク強制あるいは止まないリモート教育といった教育委員会の方針への不満を訴えていただけである。その中でいささか激しい言葉のやり取りはあった。しかしそうした行為に米国愛国者法を適用できるはずもなかった。

ここまでの態度をガーランドが取ったのには、バイデン政権（民主党）の強力支援団体である教育関係労組を喜ばせたいとの意向が働いたことは言うまでもない。しかし彼には他にも怪しい動機があった（後述）。

指示書を受けた地方検察組織（FBI地方支局含む）は、30日以内に、父兄による「テロ行為」の報告、評価、対応策について教育関係者と打合せることを決めた。[*10]

バイデン大統領に直訴の親書を送ったNSBAのチップ・サリバンCEOは自身の願いがあ

Office of the Attorney General
Washington, D.C. 20530

October 4, 2021

MEMORANDUM FOR DIRECTOR, FEDERAL BUREAU OF INVESTIGATION
DIRECTOR, EXECUTIVE OFFICE FOR U.S. ATTORNEYS
ASSISTANT ATTORNEY GENERAL, CRIMINAL DIVISION
UNITED STATES ATTORNEYS

FROM: THE ATTORNEY GENERAL

SUBJECT: PARTNERSHIP AMONG FEDERAL, STATE, LOCAL, TRIBAL, AND TERRITORIAL LAW ENFORCEMENT TO ADDRESS THREATS AGAINST SCHOOL ADMINISTRATORS, BOARD MEMBERS, TEACHERS, AND STAFF

In recent months, there has been a disturbing spike in harassment, intimidation, and threats of violence against school administrators, board members, teachers, and staff who participate in the vital work of running our nation's public schools. While spirited debate about policy matters is protected under our Constitution, that protection does not extend to threats of violence or efforts to intimidate individuals based on their views.

Threats against public servants are not only illegal, they run counter to our nation's core values. Those who dedicate their time and energy to ensuring that our children receive a proper education in a safe environment deserve to be able to do their work without fear for their safety.

The Department takes these incidents seriously and is committed to using its authority and resources to discourage these threats, identify them when they occur, and prosecute them when appropriate. In the coming days, the Department will announce a series of measures designed to address the rise in criminal conduct directed toward school personnel.

Coordination and partnership with local law enforcement is critical to implementing these measures for the benefit of our nation's nearly 14,000 public school districts. To this end, I am directing the Federal Bureau of Investigation, working with each United States Attorney, to convene meetings with federal, state, local, Tribal, and territorial leaders in each federal judicial district within 30 days of the issuance of this memorandum. These meetings will facilitate the discussion of strategies for addressing threats against school administrators, board members, teachers, and staff, and will open dedicated lines of communication for threat reporting, assessment, and response.

The Department is steadfast in its commitment to protect all people in the United States from violence, threats of violence, and other forms of intimidation and harassment.

ガーランド司法長官のFBIに「父兄のテロ行為」の捜査を命じる指示書（冒頭部分）（2021年10月４日付）

まりにうまく実現したことに有頂天になった。彼はボードメンバーに自身の影響力の強さを誇示する思惑もあったのか、直訴から始まったことの経緯をこと細かく説明した。それが墓穴を掘った。リークされた直訴状とガーランド司法長官の対応に世間が呆れた。

共和党は直ちにガーランド長官の証人喚問を決めた。動いたのは下院法務委員会だった。10月21日、ガーランドは同委員会の証人席にいた。彼は、「NSBAの直訴状を読んだ」と認めた。そのうえで、父兄によるテロ行為を具体的に把握しておらず、「テロ行為の存在は新聞報道で知った」と認めた。要するに見切り発車の指示であった。

しかし、さすがにCRT教育に抗議する父兄の行動をテロ行為と主張するのは無理だと観念した。

「いかなる理由で父兄が教育委員会に憤ったとしてもそれをテロ行為とみなすことはできません」

この証言を聞いた法務委員の1人ジム・ジョーダン議員（共和党オハイオ州）は、彼は嘘をついていると確信した。直訴状の受領からわずか数日で行動を起こしたガーランドが部下の動きを把握していなかったはずはなかった。[*11]

下院に続いて上院法務委員会もガーランドに証言を求めた（10月27日）。ガーランドは、下院証言とはうってかわり攻撃的な態度だった。自身の指示書は、「NSBAの直訴とは無関係であり政治的動機は一切ない」[*12]と開き直った。
しかしその主張には無理があった。彼は、指示書をしたためた時点で、父兄の「テロ行為」を示す事例を1つも知らず、直訴状以外に彼が行動を起こした理由は無かったのである。
実際の現場で起きていたのはCRT推進派による父兄への脅迫だった。「CRTに反対を続ければ弾を込めた銃を持った『兵士』を1000人以上連れていく」と脅すほどの嫌がらせを続けていた。[*13]
共和党や保守系メディアはなぜこれほどにガーランド長官が、CRT教育反対の声にセンシティブになるのか理解できなかった。しばらくすると、その不可思議さを理解する1つのヒントが報道された（ニューヨークポスト紙、10月13日）。[*14]
2018年、ガーランド長官の娘レベッカはアレキサンダー・タナーと結婚していた。タナーは、パノラマ教育社（Panorama Education）なる教育コンサルタント会社を経営していた（共同経営者）。全米の学校を対象にしたCRT教育推進のコンサル会社であった。
同社は、CRT理論を学ぶための図書を教師に推薦していた。その1つが2019年に出版されたエッセイ集「世界が火に包まれた時の教育（Teaching when the world is on fire）」（The New Press）である。巻頭を飾るエッセイはビル・アイヤーズのものだった。アイヤーズは、「Weather Underground」なる組織を主導（共同創設者）し、爆弾テロで政府転覆をはかったテ

暴力革命思想家ビル・アイヤーズ

ロリストだった。

暴力革命に挫折した男は、「愚かなる大衆の再教育」に光を見出した。それがＣＲＴ教育だった。ＦＢＩは、「Weather Underground」をテロリスト団体と認定したことがある。暴力革命家が推進するＣＲＴ教育を、米国司法省（バイデン政権）は、全米の子供たちに強制しようとしている。

なお、オバマ大統領とアイヤーズは深い関係にあった。１９９５年、アイヤーズが過激な実験教育を実践するシカゴ・アンネンバーグ・チャレンジ（ＣＡＣ）を組織した際に、議長に就任した人物が若き日のオバマであった。

【第2章・脚注】

＊１：Harvard Kennedy School Belfer Center Press Release, October 03, 2019

＊２：JB Press　２０２２年10月14日

＊３：Free Expression and Constructive Dialogue in the University of North Carolina System, August 21, 2022

＊４：American Federation of Teachers (AFT) - InfluenceWatch （２０２２年10月17日閲覧）

＊５：Ted Kennedy on No Child Left Behind (reason.com)

＊６：American Rescue Plan COVID Relief Is Funding in Schools Across the Country One Nation (onenationamerica.org)

＊７：Examples of CRT – Defend Our Kids Org

＊８：San Francisco school board recall sends a dangerous message, CNN, February 17, 2022

＊９：New York Post, October 22, 2021

＊10、11、12、13：John Malcolm, Are Parents Being Tagged as "Domestic Terrorists" by the FBI?, The Heritage Foundation, November 18, 2021

＊14：Callie Patterson, AG Garland's son-in-law's education company supports critical race theory, New York Post, October 13, 2021

第3章

崩壊するメディア

現代社会では信頼できるニュースはほとんどない。メディアのレポートには時に正確なものもある。しかし、正確な情報には、受け手による入念なスクリーニングプロセスなくしてはたどり着けない。他の報道と比較し自身の「常識」や「知識」を総動員して正しさを判断しなくてはならない。多くの人が時間に限られた生活を送っているだけに、主要メディアの報じる（垂れ流す）ニュースを正しく取捨選択することは不可能に近い。

テレビや新聞は偏向していると言い切ってよい。活字メディアもテレビも衰退産業である。それだけにスポンサーの意向に敏感である。例えば、現在進行形のコロナの病とワクチンの効果についてだが、米国の主要メディアは製薬会社に不利になる一切の情報を遮断した。その大きな理由は、ファイザー社の広告戦略に起因する。

ファイザー社は、定評のある（あった）ニュース番組に積極的に「投資」してきた。名の知れたアンカーが登場するニュース番組を総なめするかのようにファイザーはスポンサーとなってきた。左の表は、どれだけの番組にファイザーがスポンサーになっているかまとめたものである。

ファイザーはこうした報道番組だけでなく健康関連番組にもスポンサーとなっている。コロナワクチンの効果についての疑念は、こうした報道番組で扱われることはない。コロナの病やワクチンについてのありのままの情報は主要メディアからは期待できない。

ファイザー社がスポンサーになっている主要ニュース番組・放送局

主要ニュース番組	放送局
Good Morning America	ABC
Anderson Cooper 360	CNN
Nightline	ABC
Making a Difference	NBC
Meet The Press	NBC

[Mainstream News Sponsored By Pfizer [Compilation]]

スポンサーとテレビ局の関係に起因する偏向は古くから言われてきたが、近年はこうした報道番組に登場するニュースアンカーの党派性丸出しの発言が露骨になっている。したがって、一般人がより真実に近い報道を求めるにはソーシャルメディアに頼るしかない。しかしソーシャルメディアで語られる情報も玉石混交である。米国民は真の情報を求めて格闘している。

本章では、コロナ禍あるいは2020年大統領選挙（不正選挙）におけるメディィ報道をきっかけに国民がはっきりとメディアの偏向に気づいたこと、そしてそれによって急激な視聴者離れが起きたことを扱う。

1 消えたアンカー、クリス・ウォレス

2020年の大統領選挙では、2人の大統領候補の間で3回の直接討論があった。直接討論とは言っても進行の行司役が必要である。行司役はメディエーター（mediator）と呼ばれ、ジャーナリスト（報道番組のアンカー）が務めることが多い。時の政治アジェンダに詳しく、討論の2人（候補者）との親交もある。

クリス・ウォレス

第1回の直接討論は2020年9月29日にクリーブランドで行われた。メディエーターはFOXニュース（Fox News Sunday）でアンカーを務めるクリス・ウォレスだった。ウォレスは、2016年の大統領選でもドナルド・トランプ、ヒラリー・クリントン両候補の討論のメディエーターを務めたことがあった。

米国主要メディアの中でも数少ない親トランプの報道を続けてきたニューヨークポスト紙も、親トランプの報道解説番組を多く持つFO

Xに所属するウォレスに期待した。討論当日には彼の人となりについての特集記事を掲載した。[*1]

クリス・ウォレスの父マイク・ウォレスは人気調査報道番組「60ミニッツ」（ＣＢＳ）のレポーターを務めた有名人だった。ウォレスも父の歩んだジャーナリズムの世界に進んだ。ＡＢＣからＦＯＸに移籍したのは２００３年のことである。ＡＢＣの前にはＮＢＣで働いたこともあった。主要メディアを渡り歩く有名人であったことは確かである。

彼は、２０１８年にはプーチン大統領とのインタビューを成功させていた。当時の米ロ関係はきわめて良好であった。米国ネオコン勢力（オバマ政権）は、イラク、エジプト、リビアでのレジームチェンジ成功の余勢をかって、シリア・アサド政権の転覆を狙っていた。

次頁にシリア最大の都市アレッポの人口推移を示した。シリア内戦では、アレッポが激戦地となった。「シリアのスターリングラードの戦い」とも称されるアレッポ攻防戦の激しさは、同市の人口の推移で知れる。２０１１年には２００万人を超えていた人口が、オバマ政権末期の２０１５年には１００万人を切っていた。しかし、トランプ政権が始まった２０１７年には、１７０万人近くに激増している。

その理由は、シリア内戦を煽っていたネオコン官僚がトランプ政権から排除されたことにある。アレッポ近くには米軍も駐留し反アサド勢力に協力していた。しかし、トランプ大統領

アレッポの人口推移

年	人口
2021	2,004,000
2019	1,834,000
2017	1,675,000
2015	979,000
2013	903,000
2011	2045,000

［Aleppo - Historical Population Data］

は、中東不安定化の最大要因であったＩＳＩＳやアルカイダをプーチン大統領との協力で壊滅させた。中東過激派に武器を供給し、シリアのレジームチェンジを謀っていたのは米国ネオコンであった。ロシア空軍によるＩＳＩＳの拠点空爆は、トランプ大統領との連携の中で実行されていた。

ウォレスのプーチン大統領インタビューは、米露首脳会談直後の２０１８年７月17日に放送された。プーチン大統領の言葉が、当時の良好な米露関係を如実に示している。[*2]

「我が国の軍および外交特使は米国との間で重要な案件についての協力関係を築いている。とりわけシリアの案件が重要だ。まだ若干の誤解（折り合わない点）があるが、大局の合意はできている」

「２０２１年には、新ＳＴＡＲＴ（戦略核兵器削減条約）が失効する。これからどうするかだ。私はトランプ大統領に条約の延長の意志を伝えた。いくつかの問題点についても具体的に伝えた。しかし、私には、米国が条約に沿っていない点がいくつかあることも伝えている。この点については、専門家に判断してもらうことになる」

もちろん、このインタビューの中で、当時の民主党や主要メディアが喧伝していた2016年大統領選挙への介入についても、プーチンはきっぱりと否定していた。米露関係の好転を示すプーチンインタビューを成功させていただけに、多くの国民が、そして彼をメディエーターにすることを了承した共和党関係者も、ウォレスが中立な行司役を務めてくれると期待した。

しかしそうはならなかった。筆者はこの討論をリアルタイムで視聴していたが、バイデン候補は嘘とわかる言葉を吐き続けた。明らかな嘘を続けるバイデンに対してウォレスは適切な質問でその嘘を指摘することもなかった。トランプ大統領は、嘘の言葉が出るたびに反発した。バイデン候補は、これに対して、「道化師（clown）」、「人種差別主義者」などという「子供の喧嘩言葉」で応じた。

保守系ソーシャルメディアPM.はバイデンのついた明らかな嘘を5つ挙げている。[*3]

1　米国軍人を愚か者（stupid bastard）などと呼んだことはない（嘘：ビデオ画像が残っている）

2　（民主党が進める極端な脱炭素政策である）グリーンニューディールを支持したことはない（嘘：バイデンが提唱するバイデンプランはグリーンニューディール政策の多くを包含する）

3　トランプは暴力を扇動する（嘘：トランプ政権の報道官の言葉を切り抜き、逆の意味にすり替えたに過ぎない。報道官の実際の言葉がすべて残っている）
4　息子ハンター・バイデンはいかなる悪事も働いていない（嘘：第1章で詳述した）
5　トランプは、白人至上主義者を支持する（嘘：白人至上主義者を批判すると同時に民主党を支持する過激暴力集団ＡＮＴＩＦＡやＢＬＭも批判した）

こうした明らかな嘘に対して、ウォレスは少なくとも些かの矯正を促すべきであった。しかしそれをしなかった。トランプ大統領はバイデンの「嘘発言」の度にそれを指摘した。それはウォレスの進行指示とは相容れないものだった。こうして、第1回直接討論は史上まれにみる罵りあいとなった。

民主党の応援団である主要メディアは、行司役に失敗したウォレスを庇い、バイデンの嘘に直ちに反論の言葉をあげたトランプ大統領が史上最悪の討論となった元凶だと批判した。

筆者はこの罵りあいを見ながら、ウォレスの仕切りにバイデン寄りの偏向があり、それこそがトランプ大統領の憤りに火をつけたと感じた。当時、ウォレスに感じた怪しさは筆者の「勘」でしかなかった。

しかし、ウォレスが民主党支持者であることが暫くして露見した。ウォレスは民主党の宣伝機関のようなCNNに移籍したのである。筆者の勘は当たっていた。トランプ大統領は、ウォレスの本質が民主党に近いことをわかっていたようである。それだけに「保守系」メディアFOXが彼を使い続けることを訝っていた。

「いつまでFOXは彼を使い続けるのだ。彼の番組の視聴率はひどく悪いし、第一、彼は過激左派（Radical Left）の人間だ[*4]」

ネオコン寄りの英紙ガーディアンは、2021年12月、「18年もの長期間にわたって（保守系の）FOXに勤めたウォレスの移籍は同社には打撃になろう」、「74歳のウォレスはCNNが来年から開始する有料放送CNNプラスのアンカーを務めることが決まっている」と報じた。[*5]

しかし鳴り物入りで始まったウォレスのニュース番組に米国民はそっぽを向いた。CNNという会社自体が極端に民主党寄りの報道を続けていることに国民はNOを突きつけていた。左派メディアのCNNの有料配信を求めるニーズはどこにもなかった。CNNプラスはわずかひと月足らずでとん挫した（事業中止）。クリス・ウォレスはこうして表舞台から消えた。

2　CNN新CEOによる左翼アンカーの解雇と降格

CNNの極端な民主党寄りの報道姿勢は前社長のジェフ・ザッカーの方針だった。彼は20

22年初めに辞任した。

「米CNNテレビのジェフ・ザッカー社長（56）は2日、同社幹部の女性との親密な交際を会社に報告する義務を怠ったとの理由で辞任した。ザッカー氏は社内メモで、2人の交際関係が表に出たきっかけは、セクハラ問題で辞任したアンドルー・クオモ前ニューヨーク州知事への不適切な対応助言で昨年12月にCNNのキャスターを解雇された弟のクリス・クオモ氏の行動についての調査だった。『ザッカー氏は、関係が始まった段階で事実を明らかにすべきだったが、そうしなかった』。彼は、CNN社長を辞めるとともに、親会社AT&Tのメディア事業ワーナーメディアのニュース・スポーツ部門会長も辞任する」（ロイター、2022年2月2日）

CNN新CEO クリス・リヒト

CNNの新CEOに就任したのはクリス・リヒトである。彼はCBSやMSNBC時代には、共和党嫌いのコメンテーターを使った番組を制作していた。そうした番組は現在でも続いている。したがって、リヒトも前任のザッカーと変わらぬ民主党応援団的立場を変えないだろうと思われていた。しかし、彼はCNNの視聴率のあまりの低迷に党派性を薄めると決めた。

メディアの偏り一覧

親民主党	やや民主党	中立	やや共和党	親共和党
CNN	abc News	Newsweek	Epoch Times	FOX News
Daily Beast	AP	Forbes	Fox Business	Daily Caller
BuzzFeed	Bloomberg	Market Watch	New York Post	Federalist
HUFFPOST	CBS	Reuter	Washington Examiner	CBN
Mother Jones	The Guardian	The Hill	The Dispatch	NEWSMAX /Yahoo! News
MSNBC		NBC	Wall Street Journal	Washington Times /OAN
New York Times	Insider		Daily Wire	
New Yorker	npr	Washington Free Beacon		
The Nation	Politico			
Slate	Time			
Vox	Washington Post			
USA Today				

リヒト改革について述べる前に、米国メディアの全体的傾向について読者に示しておきたい。メディア分析の専門サイトAllSidesが、メディア（含雑誌・新聞・通信社）の党派性について調査している。それに基づいてメディアの偏りを示した表を上に作成した。[*6] ここで中立に分類されているメディアのほとんどは「やや民主党」であるにすべきと思われるが、その点を除けば正確である。

この表は、読者が日本のメディアの偏向を探る指針ともなる。「CNNによれば〜」、「ニューヨークタイムズによれば〜」という報道は、「朝日新聞によれば〜」と同じ意味を持つことがわかる。

リヒトは、CNNを中道寄りに方向転換しなければ経営が成り立たないと考えた。実際、C

NNは視聴者離れが酷い。親共和党の報道を続けるFOX Newsの視聴者数は日々150万を超えるが、CNNは50万前後に過ぎない（2022年10月17〜23日調査）。[*7]

「フォックスニュースはCNNおよびMSNBCの視聴者数を大幅に上回った。88週連続（の勝利）である」[*8]

共和党を支持するフォックスニュースは堅調である。バイデン政権は、米国民を落胆させている。化石燃料を敵視するグリーンニューディール政策とネオコン主導で起こしたウクライナ戦争はガソリン価格を急上昇させた。それが激しいインフレとなって国民を襲った。

2022年9月の物価上昇率は8・2％（年率換算）となった。とりわけエネルギー関連のインフレが酷い。ガソリンは59〜68％、電気料金は16％程度の値上がりである。

社会を不安定化させる不法移民は500万人程度と報道されているが、筆者は実数はこれをはるかに超えていると疑っている。不法移民とともに流入する違法薬物フェンタニルによる死者も激増している。

「CDC（米国疾病予防管理センター）によれば薬物死全体の70％がフェンタニルによるものである。2020年には37208人、2021年には41587人（12％増）がフェンタニルで死んでいる」（Globalnewswire、2022年9月16日）

中間選挙（11月8日）のおよそ2週間前に発表されたバイデン政権支持率は不支持55％、支持39％であった（ロイター報道）。[*9]国民の6割が見放した政権であったにもかかわらず11月の中間選挙では民主党は「善戦」した。何かおかしいと思うのが常識であろう。

リヒトはこれ以上、親民主党の報道を続けるわけにはいかないと判断した。リヒト改革の第一歩は、共和党議員への番組出演依頼であった。ザッカー体制下では徹底的に反共和党の番組作りを進めてきただけに、共和党議員は番組から排除されていた。

リヒトは7月中旬からひそかに共和党議員と接触した。共和党議員にとって、リヒトとの接触はマイナスになるだけに誰もが慎重だった。それでも複数の議員との接触に成功した。「私たち（CNN）はあなた方共和党議員の信頼をもう一度取り戻したい」（会談に同席した関係者）。これがリヒトの言葉だった。[*10]

CNNを去りハーバード大学研究機関に移ったブライアン・ステルター

これを裏付けるように、リヒトによる、CNN偏向報道を主導した「スターキャスター」のパージ（排除）が始まった。まずザッカーの辞任を悲しんだブライアン・ステルター（ユダヤ系）のニュース解説番組「Reliable Source」の中止が決まった。ステルターは新体制では将来はないことを見越していたかのように、番組中

降格されたドン・レモン

止を受けてＣＮＮを去り、ハーバード大学のメディア研究機関（Shorenstein Center on Media, Politics and Public Policy）に再就職した。

9月半ば、ドン・レモンの夜の冠番組「Don Lemon Tonight」の中止が報道された。黒人である彼は同性愛者であることを公言してきた。ステルター同様に、ＣＮＮを代表する親民主党のアンカーだった。8年間の彼のアンカー生活は、徹底的なトランプ批判によって勝ち得た「名声」だった。

レモンは、9月半ばの最後の放送では無念の感情を隠しきれず、自身の功績を誇る回顧映像を流した。彼はステルターとは違い社を去ることはしなかった。朝のニュース番組（日本の朝のニュースバラエティに相当）に出演を続けることを決めた。「降格」であることは誰の目にも明らかだが、彼は今でも降格ではないと主張している。

この2人は、誰でもわかる党派性丸出しの番組を垂れ流していた。それだけに彼らの「解雇、降格」はニュースとなった。しかし、リヒト改革はここで足踏みした。コアな民主党支持者を失う恐怖感が大胆な改革にブレーキをかけている。上記の2人はジャーナリストとは言えないほどに党派性をむき出しにしていたから手を付けやすかった。

しかし、党派性をうまくカムフラージュしてきたアンカーもＣＮＮには多い。その代表がジェイク・タッパーである。彼は平日午後4時から6時に放映される「The Lead with Jake Tapper」のアンカーである。彼を夜のプライムタイムのスターにする最初の試みがあった。バイデン大統領単独インタビューである（２０２２年10月11日放送）。

「火曜日（10月11日）、タッパーはＣＮＮのプライムタイムのアンカーとしてデビューした。新しいボスであるクリス・リヒトは空席になっている夜9時からのプライムタイムを任せたいとタッパーを自ら選んだ。少なくとも中間選挙が終わるまではそうしたいと思っているらしい。クリスは、タッパーを新生ＣＮＮの顔にしたいようだ。ＣＮＮは反トランプを貫き（民主党の）超リベラル政策を支持してきた。クリスは、党派性をＣＮＮから消したいと試みている」（Fox News、２０２２年10月16日）[*11]

ジェイク・タッパー

しかし、タッパーが民主党支持者であることは視聴者に気づかれている。バイデン大統領へのハンター・バイデンのラップトップ事件についての気の抜けた質問が彼の党派性を如実に示していた。大統領からいささかでも新事実を引き出そうとする意志はどこにも感じられなかった。

「とりあえずハンターにかかわる質問をした」というアリバイ残しのインタビューだった。国民はタッパーの「ソフトボール質問（お手柔らかな質問）」を冷笑した。鳴り物入りの大統領単独インタビューであったが、わずか81万人の視聴者を惹きつけただけであった。確かに通常のCNN視聴者数を上回ったとは言え、同時間に放映されていたFOX Newsの番組「Hannity」（260万が視聴）に遠く及ばなかった。[*12]

タッパーは、2020年の大統領選挙結果を疑うような輩を信用できないとして、共和党議員を番組から遠ざけてきた。こうした似非ジャーナリストにCNNの次代を背負わさざるを得ないリヒト改革の前途は多難である。

中間選挙が目前に迫った10月末、大手メディアが、リヒトが大型人員削減を計画していると一斉に報じた。中間選挙で共和党が下院を制した。民主党に不利な事実は、下院で始まる調査委員会によって暴かれるのは確実である。リヒトはより思い切った決断に迫られよう。「リヒト改革」の進捗を見守りたい。

3 フェイスブック（メタ）の憂鬱

ＣＮＮの凋落と同期するようにフェイスブック（現メタ）の人気が急落している。同社のオーナーであるマーク・ザッカーバーグが民主党支持者であることはよく知られている。２０２０年の大統領選挙戦ではおよそ4億２０００万ドルを献金した。その巨額資金は民主党による不正選挙工作の原資となった。この資金を使って、民主党活動家は、各種の選挙規制を民主党有利になるよう歪めた。

「ザッカーバーグの献金はひも付きであった。民主党活動家が、不在者投票、郵便投票の規制あるいは票の取りまとめ行為（ballot harvesting）禁止規定を緩和させる活動に使われた。共和党との接戦が予想される選挙区に資金は重点配分された」（ニューヨークポスト紙、２０２１年10月13日）。[*13]

ザッカーバーグの巨額献金は、不正選挙を誘発した。二重投票、なりすまし投票、死人による票、介護施設や大学キャンパスなどでの票のとりまとめ、24時間無人投票ボックス設置、選挙管理者の買収など空前絶後の不正選挙になった。この実態については『アメリカの巨悪』（ビジネス社）に書いた。

フェイスブック（現メタ）CEO：マーク・ザッカーバーグ

ザッカーバーグが、メタと社名を変更したのは2021年秋のことであった。メタとは「超越」のことである。ソーシャルネットワーク上に構築される仮想世界では、インターネット社会（バーチャル空間）をメタバースと呼ぶ。

メタバース空間（仮想空間）上に本物と同一の生活圏、経済圏を構築できる可能性があるらしい。同空間に入り込めば疑似旅行体験、会議、買い物といった行為が現実世界に近い感覚で行える。ザッカーバーグは、フェイスブックをメタバースを使いこなすツールの1つと位置づけた。しかし、メタバース空間の構築はまだ先の話である。メタの収入源はフェイスブックである。

フェイスブックの歴史は2003年にまで遡る。ハーバード大学の4人の学生（マーク・ザッカーバーグ、エデュアルド・サヴェリン、ダスティン・モスコヴィッツ、クリス・ヒューズ）が始めたちょっとしたお遊びのオンラインサービスから始まった。学生が互いの容姿を批評して語り合うFacemashと呼ばれるサービスだった。*14

2004年1月、4人は、自身の写真や個人情報をアップできる現在のフェイスブックの原型となるネットワークをハーバード大学の学生を対象に開始した。若者は「認知欲求」が強いだけに自身の情報を喜んで晒した。そうすることで「友達ネットワーク」をつくれればそれでよかった。たちまち人気となり対象を他大学の学生にも拡大した。

２００４年末にはユーザー数が１００万を超えた。この年、大手企業が同サイトがマーケティングツールに適していることに気づくと広告出稿を始めた。その１つが大手クレジットカード会社マスターカードだった。

ザッカーバーグの始めたサービスは、個人情報を晒して友人ネットワークを作りたい若者を対象にして出発した。それだけに、広告出稿企業にはターゲットを絞りこむための情報に満ちたこのサイトが魅力だった。

２００５年にはフェイスブックとなり、登録ユーザーの対象を高校生や他国居住者にも拡大した。その結果ユーザー数は６００万まで激増した。２００６年には対象年齢を13歳以上にまで広げ、２０１２年に上場した。ＩＰＯ（新規上場）により１６０億ドルを集めた。

こうして大企業となったフェイスブックの主たる収入源は、効果的なターゲットマーケティングを指向する大企業からの広告出稿である。先に書いたように、この会社のユーザーベースは自身の情報を露出することで仲間を求めたい若者である。本来であれば、そうした情報は会社の貴重な財産であるだけに、個人情報には厳重な管理が必要だった。

しかし、個人情報を晒したいユーザーを集めることから出発した会社だからなのか管理は杜撰だった。それが大規模な情報漏洩となった。２０２１年4月、5億３３００万件の個人情報がハッキングされた。

「ハッキングされた情報には電話番号、フルネーム、住所、メールアドレス、生年月日などの情報が含まれていた。セキュリティ専門家は、こうした情報はなりすまし犯罪に使われる可能性があると警告した」（Insider）[*15]

フェイスブックは、データ管理の甘さを認めたうえで、２０１９年8月には改善していたと説明したが、流出したデータはハッカーたちがネット空間上でフリーで拾うことができる。[*16]フェイスブックのデータ管理の甘さはこうして世間に知れた。

極端な親民主党の経営態度と情報管理の甘さでユーザーの警戒は強くなった。そうした状況の中で、ザッカーバーグ自らが、ＦＢＩとの共謀（癒着）を告白した。そのことは第1章5節で書いた。

フェイスブック（メタ）は、内部からの崩壊も起きている。２０２２年2月8日、同社役員ピーター・ティールが年末までには役員を退くことが発表された。ティールはフェイスブックに対して大型投資をした最初の外部投資家だった。彼の同社への参加は２００５年に遡る。

まだ立ち上がり段階の未熟な会社に50万ドルを投資し株主（10％）となると同時に経営に参

加した。会社経営のノウハウをザッカーバーグに指南したのはティールだった。会社の成長そしてザッカーバーグの権力の確立はティールのアドバイスに依っていた。ザッカーバーグ自身も彼を経営の師匠と認めていた。[*17]

ティールは早い段階から、ザッカーバーグの政治的偏りに眉をひそめていた。政治的発言を慎重にせよ、フェイスブック上に偽情報が溢れないように注意せよ、外国政府のプロパガンダに利用されるな、などと警告し、自由な言論プラットフォームの維持に努めるように諭してきた。しかし、ザッカーバーグは「師匠」のアドバイスを聞かなかった。

メタを去ったピーター・ティール

メタの株価は低迷している。

「メタの株価は2022年にはおよそ60％下落した。メタが上場するNASDAQはハイテク企業が多いが同社の下落はNASDAQ総体の下落率の倍以上である。メタは投資家からメタバース空間構築投資を批判されている。その投資は十分な見返りを生んでいない」（Yahoo News、2022年10月27日）[*18]

株価は、投資家の成長期待を反映する。確かにメタバース空間への過剰とも思われる投資への懸念が株価低迷の大きな理由であるが、それ以上に、今回の中間選挙で政治力を失う民主党への過度な肩入れも市場に嫌われる原因である。民主党が中間選挙で不正選挙が思う存分にできなかったのは、ザッカーバーグからの資金援助が減ったのであろう。

ティールが警告したように、民主党を偏愛してきたザッカーバーグの経営が、ユーザー離れを起こしていると市場は見ている。フェイスブックが市場の信頼を回復できるか。徹底した政治的中立に舵をきることができるか。CNN同様の厳しい改革を迫られよう。

メタは巨大企業である。全世界におよそ87000人の従業員を抱える。中間選挙の前日の11月7日、大型人員削減の実施が報じられた。その規模は11000を超える。[*19]

4 喜ばしいイーロン・マスクのツイッター買収

ソーシャルメディア空間では、フェイスブックに代表される政治的偏り（親民主党バイアス）が顕著だった。この状況に楔が入った。イーロン・マスクがツイッターを買収したのである。同社はニューヨーク証券取引所上場を廃止し完全なプライベート会社となった。

マスクは言うまでもなく、電気自動車会社テスラと衛星を使った宇宙通信システム会社Sp

aceXの総帥である。マスクのツイッター買収の真意は、彼が広告主に送ったオープンレターで知ることができる。オープンレターは、買収の完了・上場廃止前日の10月27日朝、ツイッター上で公表された（一部抜粋）。

「この買収の目的はデジタル空間上に自由な議論の場（common digital town square）を存在させることが人間文明の将来のために重要だと考えるからである。多種多様な思想信条が品位あるやり方（in a healthy manner）で議論される。そうすることで暴力に訴えるやり方を防ぐことができる」

「この買収は金儲けを目的としていない。人類が作り上げた、そして私の愛するこの文化・文明（humanity）を救いたい。（中略）もちろん、（ツイッターの提供する空間を）責任のない議論がまかり通るようなでたらめな言論空間（hellspace）にはしない」

「真摯な言論空間での広告は、広告主のブランド価値を高めるだろうし、広告企業の成長に寄与するだろう」

世界で最も裕福な男が、民主主義の根幹である言論の自由を守るために私財を投げうった。彼の言葉をそのまま信じてよいのかとの疑念もあろうが、筆者はそれでよかろうと思っている。彼ほどの資産を得た人間は、もっと稼ぎたいという意識よりも世のために役に立ちたいと考えることが多い。社会貢献こそが生きがいとなる。

そうした人物は歴史上多かった。現在でもジョージ・ソロスやビル・ゲイツが「活躍」しているのはよく知られている。残念ながら前者は誤ったグローバリズムの上に立ち、アメリカの国柄を破壊する活動に巨額の資金をつぎ込み、後者は世界の人口は多すぎるとして人口削減のための怪しい工作を続ける。共産主義者の男をトップに担ぐWHOに巨額な献金を続けるのはゲイツである。

危険な2人の慈善家（フィランソロピスト）とは対照的に、マスクは民主主義の根幹である言論の自由を守るデジタル空間構築に財産を投じた。第1章6節で紹介したハーバード大学サンスティーン教授とは対極の思想である。

マスクは440億ドルでツイッターを買収した。2022年4月1日株価に38％のプレミアムを付けた株価での買収だった。

2022年4月半ば、カナダ太平洋岸の町バンクーバーにマスクは現れた。TED2022バンクーバー会議で講演するためである。TED（Technology Entertainment Design）はニューヨークに本部を置く非営利団体で、毎年バンクーバーに世界中から「広める価値のあるアイデアを持つ人物」を招いた会議を開催する。ここでマスクは、ツイッター買収の狙いを語った。[*20]「今回の買収については経済性を度外視している（I don't care about the economics at all）」とはっきりと述べていた。

これだけの意欲を示していたマスクが突然に買収から手を引くと報道されたのは5月半ばのことである。マスクは、ツイッターの公表するアカウント数がフェイクであると疑った。

同社は、偽アカウントやスパムアカウントは5％以下であるとSEC（証券監視委員会）に報告していた。しかし、マスクは20％程度あるのではないかと疑念を持ったのである。登録アカウント数は日本の新聞の例でいえば購読者数である。新聞では「押し紙」という手法で、購買部数を嵩増しし広告料を設定する。これと同様の手口をツイッターは取っていた。

そのことは、バイデン大統領のフォロワー数が大きく水増しされていたことでも明らかになった。バイデンのアカウントファロワーは2200万人とされていた。9000万近かったトランプ大統領に比べて4分の1であるがそれでもまあまあの数字だった。しかし、それは水増しの数字だった。Spark Toro社（ソフトウェア専門会社）が、バイデンのフォロワーの49・3％がフェイクという調査結果を発表した（5月半ば）。

「買取価格はSECへの報告が正しいものとして算定されている。偽アカウントのパーセントが明らかにされる必要がある」、「ツイッターCEOは偽アカウントが5％以下であることを示す数字を出さないと語っている。買収は彼が本当の数字を出すまで前に進まない」（ニューヨークポスト紙、2022年5月17日付）[*21]

これ以降、当初オファー価格での買収を求めるツイッターとそれを拒否するマスクの間で裁判となった。裁判は進行し、10月には、ツイッターの「悪行」をあばく内部告発者の証言も予定されていた。裁判はマスク有利に進んでいると思われていたさなかに突然に当初オファー価格での買収となった。

両社の間で裁判とは別個の直接交渉があった。そこでいかなる合意がなったかはつまびらかではないが、早急に買収を完了させたいと考えるマスクと、20％のフェイクアカウントの存在をあばかれたくないツイッター経営陣（ＳＥＣへの虚偽報告は犯罪となる）との間で何らかの落としどころを見つけたのであろう。

買収が完了すると真っ先に2人の最高幹部が解雇された。パラグ・アグラワル（ＣＥＯ）とネド・シーガル（ＣＦＯ）である。マスクは次のようにツイートした。

「籠の鳥は放たれた（The Bird is freed）」（10月27日）

「これから楽しくなるぞ（let the good times roll）」（10月28日）

「籠の鳥」とは言うまでもなく「籠の中に閉じ込められた言論の自由」を指す。ツイッターのシンボルは「呟く青い鳥」である。その鳥を再び空に放った喜びをマスクは爆発させた。10月28日朝、彼はサンフランシスコのツイッター本社に重い洗面台を運んでやってきた。これから始まる「大掃除」を暗示するものだった。マスクは、高価なおもちゃをようやく手に入れてはしゃぐ子供のような笑顔を見せていた。

洗面台を持ってツイッター社本社に現れたイーロン・マスク(fortuneindia.com)

民主党陣営はこの買収劇を、苦虫をかみつぶしたような顔で見つめていた。ツイッターは、民主党の圧力によってか、あるいは自社判断か、トランプ大統領のアカウントを永久削除していた（2021年1月8日）。[*22]

2020年大統領選挙の不正に抗議するトランプ支持者の起こした2021年1月6日事件はトランプ大統領が扇動したとする民主党の主張（プロパガンダ）にそった措置だった。事実関係が明らかになるまでの措置であればある程度は理解できるが、「永久削除（Permanent suspension）」は首を傾げたくなる決定だった。

バイデン政権は、「青い鳥が空に放たれる」のを嫌った。政権幹部がツイッター買収を「国家安全保障上」の問題として捜査すると決めた（Bloomberg, 2022年10月20日）。民主党の、政府組織を使って「敵」を排除するやり方は常套手段である。下院を共和党が制した以上、そうしたやり方には歯止めがかかる。

トランプ大統領はツイッター社から排除されて以降、新しいソーシャルメディア「トゥルースソーシャル」を立ち上げた。イーロン・マスク体制下のツイッターはライバルとなる。そうでありながらトランプ大統領はマスクの買収を歓迎した。

「(マスクによる買収は)喜ばしいことだ。ようやくツイッターはまともな人間の管理になる。これからは、過激左翼や狂信派(maniacs)の好き勝手はできない。彼らは心底我が国(国柄)を嫌っている連中だ」(トゥルースソーシャルでのツイート)

中間選挙を数日後に控えた11月5日、英紙ガーディアンは、従業員7500人のうちすでに3700人程度が解雇されていると報じた。[*23] それによれば、その多くが検閲作業に携わっていた従業員であった。同社には「人権チーム(human right team)」、「倫理透明性説明責任チーム(Ethics, Transparency and Accountability team)」などがあり左翼グローバリストアジェンダに沿った言論統制を担当していたことが明らかになった。解雇された従業員の1人(Shannon Raj Singh)は次のようにツイートした。

「昨日(11月4日)が最後の勤務日だった。人権チーム全員が解雇された。自分はこれまでやってきた仕事に誇りをもっている。私たちは国連のガイドラインに沿った仕事をしてきた。

（後略）」

彼女のツイートからもわかるように言論統制に国連の影が見えている。国連の「悪さ」については本書では深入りしない。

よみがえったブルーバード（ツイートの鳥）が運ぶ「自由の種」が再びの芽吹きを見せることは確実である。2022年11月20日、メディアは一斉に、マスクがトランプ氏のアカウント復活を決めたと報じた。トランプ氏は、自身の立ち上げたメディアであるトゥルースソーシャルを持つ。彼がツイッターでの呟きを再開するかは未確定だが、マスクの決定は、全体主義政党民主党に対する明確な挑戦状であることに疑いの余地はない。

日本のメディアを含めた主要メディアにはマスクを揶揄する報道が突然に増えた。その裏の舞台は、そういうことなのである。

5　ハリウッドセレブの的外れなマスク批判

2020年の民主党大統領候補戦を最後まで戦った民主党元下院議員タルシー・ギャバード（ハワイ州）は、2022年10月、民主党からの離党を決めた。彼女は、左翼グローバリストに牛耳られた民主党の全体主義化を批判する活動を開始した。彼女もマスクの買収劇を歓迎した。

既存メディアはなぜマスクの買収に冷ややかなのかの質問に、「パワーエリートは人々が自分の頭で考えることを恐れているのよ」（ラッセル・ブランドのインタビュー）と分析して見せた。

マスクのツイッター買収劇は多くの国民に「正気の復活」を感じさせた。民主党支持者の中でも、党の激しい左傾化を憂えているものが多かった。マスク自身も民主党支持者だった。マスクは、自身の立ち位置は変わらないのだが、民主党があまりに左に寄りすぎた結果として、共和党寄りに動いてしまったと語っている。実際、今回の中間選挙では共和党候補に投票したとツイートした。

そんな中で、左翼全体主義政党になり果てた民主党の醜い姿に気づかない者たちがいる。よきリベラル政党時代の民主党のイメージをいまだに引きずるのがハリウッドのセレブたちである。彼らは、リベラルを気取ることが世間受けする時代を生きてきた。

ハリウッド映画は、ワシントンの政治事情に大きく左右された。１９２０年の大統領選挙以降、米国民は民主党政治にＮＯを突きつけた。ウッドロー・ウィルソン大統領は米国を無用なヨーロッパ大陸の戦いに巻き込んだ政治家として評判が悪かった（１９１７年４月米国は第一次世界大戦に参戦した）。それだけに民主党は干渉主義政党として国民の心に焼き付いた。

ウィルソン以降、大統領はハーディング、クーリッジ、フーバーと共和党政治家が続いた。彼らは、第一次世界大戦の混乱に乗じて生まれた共産主義国家ソビエトを警戒した。ハリウッドも「赤い恐怖（red scare）」（反共産主義）をテーマにした作品を量産した。これが大きく変わったのは１９３２年の大統領選挙で当選したフランクリン・ルーズベルト政権（民主党）以降である。

１９３３年11月、ルーズベルトは歴代の共和党政権が拒否してきたソビエトロシアを国家承認した。ルーズベルトは政治工作には類まれな能力があったが知性に欠けた。まともな本を読んでいる姿を誰もみていない。

民主党を離脱したタルシー・ギャバード元下院議員

彼のソビエト国家承認は、「共産主義は民主主義の亜種」とみなした浅薄な政治判断の結果だった。共産主義の本質を知る外交専門家ジョージ・ケナン（のちの外交史家）などの警告を聞きはしなかった。ケナンは、民主主義国家が共産主義と共存することは不可能、どちらかの体制にならざるをえないと分析していた。

ソビエトは国家承認を受けると米国内に共産

主義思想拡大の組織をひそかに作り上げていった。国家承認の条件は、内政不干渉だったがスターリンがその約束を守るはずもなかった。スターリンは、映画産業をプロパガンダのツールとして重視した。それだけにハリウッドは、ソビエト共産党の対米世論工作のターゲットとなった。映画監督、プロデューサー、俳優などを次々と篭絡し共産主義者やそのシンパに変えていった。保守思想の役者には出番がなくなったのはこの頃からである。

ハリウッドにはその時代からの伝統が強く残る。共産主義が擬態した左翼全体主義（過激リベラル思想、フランクフルト学派）に理解を示すことが、気取ったリベラル俳優のステータスになった。彼らはグローバリズムを標榜する民主党支持者だっただけに、「Make America Great Again（MAGA）」と訴えて当選したトランプ大統領を毛嫌いした。トランプ支持者を、「無教養の白人至上主義者」と決めつけた。

メリル・ストリープ、サラ・シルバーマン、アーノルド・シュワルツェネッガー、マドンナ、ジョージ・クルーニー、etc.

「トランプはブーリー（弱者いじめ）」（メリル・ストリープ）*24

「トランプはファシスト」（ジョージ・クルーニー）*25

こうしたセレブの言葉をいまだに信じているものがいるが、現実は彼らの支持する民主党こそが「弱者いじめ」であり「全体主義のファシスト政党」であることに多くの国民が気づいた。国民にそのことをはっきりと気づかせた一点においてのみがバイデン政権の功績かもしれない。

しかし、いまだに左翼リベラルの態度をとることが、「恰好よいことであり人気の源泉」であると考えるセレブは少なくない。マスクのツイッター買収劇を彼らは苦々しく見つめていた。買収が完了すると次々にツイッター利用をやめると見えを切った。民主党応援団の一角であるＮＢＣニュースは嬉々としてそうしたセレブのリストを作成した。[*26]

ツイッターを去ると表明した１人にトニー・ブラクストン（Toni Braxton：黒人女優、Ｒ＆Ｂシンガー）がいる。

トランプ嫌いのセレブ：メリル・ストリープ

「買収後にツイートされたいわゆるフリースピーチなるものに驚愕した。こうしたツイートはフリースピーチの衣を着たヘイトスピーチである。けっして容認できない。ツイートの場はもはや、私にとっても息子たちにとってもそして他のＰＯＣにとっても安全な場所ではない。私はここから去ることにした」（２０２２年10月29日付ツイート）[*27]

ＰＯＣとは、「People of Color」の略であり、この場合黒人種を指している。彼女の脳は、サンスティーン理論に侵されていた。まだ始まってもいない新しいツイッターの形を見ることなくツイッターからの撤退を表明した。

このツイートにおよそ６５０００の「いいね」が付いていた。しかし、この『いいね』も、ツイッター旧経営陣が仕掛けていたアルゴリズムによる嵩上げかもしれない。彼女のようにツイッター利用を止めると見えを切ったセレブたちは多いが、彼らはいったいどこに発言の場を求めるのか。今後を注視したい。

6 「第二のＹｏｕＴｕｂｅ」ランブル（Ｒｕｍｂｌｅ）が見せた勇気

日本ではあまり知られていない動画配信サイトにランブルがある。基本はＹｏｕＴｕｂｅ同様に個人などが動画をアップロードすることで収益化を可能にするサービスである。

ランブルはカナダ人の若手実業家クリス・パヴロヴスキによって２０１３年に創業された。本社はカナダ（トロント）とフロリダ州（Longboat Key）にある。日本でこの会社が知られていないのにはいくつか理由がある。アップロードする際の日本語サポートがない。同社は日本市場をターゲットにしていないからである。

またＧｏｏｇｌｅ社は何らかのアルゴリズムを使ってランブルへのあるいはパヴロヴスキへのアクセスを難しくしているようだ。ＧｏｏｇｌｅはＹｏｕＴｕｂｅの親会社であるだけに、競合会社に有利になる情報は排除したいのであろう。日本語で「ランブル」と検索しても、最初にあらわれるのは日本人歌手のプロモーションビデオである（11月23日閲覧）。

幸い、時に記述の怪しいウィキペディアはランブルという会社について詳細を報じているが、日本語版はない（11月23日閲覧）。

ＧｏｏｇｌｅやＹｏｕＴｕｂｅもツイッター同様にバイデン政権と共謀していたことはほぼ確実である。次章でルイジアナ・ミズーリ州司法長官によるバイデン政権に対する言論検閲訴訟を詳述するが、ＹｏｕＴｕｂｅが行っていた検閲も訴訟の対象になっている。

「ランドリー（ルイジアナ州司法長官）とシュミット（ミズーリ州司法長官）は、ＹｏｕＴｕｂｅがロン・デサンティス州知事（フロリダ州）とランド・ポール上院議員の挙げたビデオをブロックしたと指摘している。どちらのビデオも、マスク着用がコロナ感染予防に効果があるかを問うものであった（注：両者ともに感染防止効果を疑っていた）」（ニューヨークポスト２０２２年５月５日）[*28]

大手ソーシャルメディアが、軒並みバイデン政権の検閲に参加する中でランブルは政府との共謀を拒否した。その姿勢を共和党は評価した。Ｇｏｏｇｌｅなどでの検閲をかいくぐるため、共和党下院院内総務ケビン・マッカーシーは自身のホームページにクリス・パヴロヴスキのメッセージを掲載した（2022年1月19日）。[*29] （次頁写真）さすがに、Ｇｏｏｇｌｅも共和党下院序列一位の政治家のホームページに嫌がらせはできなかった。

パヴロヴスキのメッセージは次のように始まっていた。

「ランブルの経営思想は極めてシンプルです。インターネット上の言論は自由でオープンにする、というものです。誰でも、検閲やアルゴリズムによる操作などを恐れずにオンライン上のビデオや主張を視聴する自由があるのです。（中略）ランブルは、どのビデオが成功するとか失敗するとかそういう判断はしません。私たちは、表現のプラットフォームを提供するだけです」

「2006年、グーグルがＹｏｕＴｕｂｅを買収しました。私はこの時から、オンラインビジネスの場が大きく変わってしまったと感じました。ＹｏｕＴｕｂｅの競合であったＤａｉｌｙｍｏｔｉｏｎやＢｒｅａｌ．ｃｏｍは撤退する羽目になりました。Ｇｏｏｇｌｅ／ＹｏｕＴｕｂｅ連合にはとても勝ち目がないと考えたのです。でも私はＹｏｕＴｕｂｅの競合になると決めました。両社によって独占されることになってしまうオンライン動画配信のマーケットで戦うことを決めたのです」

ハンター・バイデンのラップトップ事件、コロナワクチンの副作用、2020年の大統領選

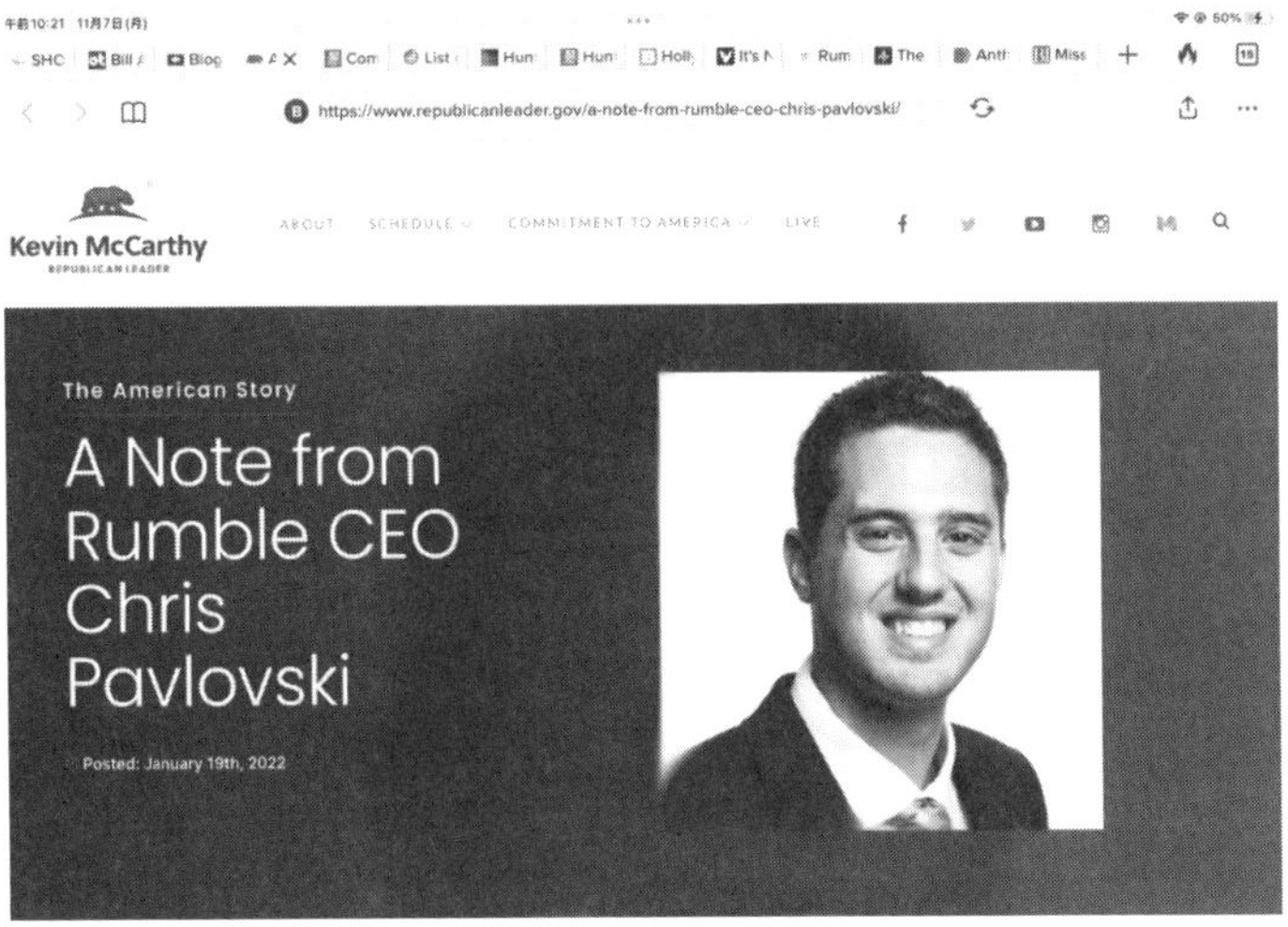

マッカーシー議員HPに寄せられたメッセージ（2022年1月19日）

挙戦を巡る不正、バイデン政権のアフガニスタン撤退の不手際等々にかかわる動画は次々にYouTubeから消えた。そうした意見を検索してもGoogleの検索上位には出てこない。

幸いなことに締め出された人々の動画がランブルで視聴が可能なのは、若き起業家パヴロヴスキが、イーロン・マスク同様の危機感を持っていたからである。

ウクライナ戦争においても、主要メディアはプーチン大統領のスピーチやロシア外務省の声明を排除している。ネオコンに牛耳られたバイデン政権によるプーチンの非人間化（プーチンは悪魔、プーチンはヒトラーなどとするレッテル貼り）工作が続いている。

そのためロシア悪、ウクライナ善の言説が言論空間を覆っている。ネオコンがウクライナをけしかけてロシアのレジームチェンジを狙っているという分析は排除されてきた。しかし、そうした主張もランブルでは視聴が可能なのである。

EU諸国は米国ネオコン外交に追随した。そして常識人であれば容易に予想できたエネルギー価格高騰に苦しんでいる。日本の国民にわかりやすい比喩をすれば、EU諸国の取った行動は、「女性蔑視の非民主主義国家サウジアラビアのレジームチェンジを要求して同国からの石油輸入をボイコット」するようなものである。そんなことをすればどうなるか火を見るよりも明らかである。EU諸国のロシアへのエネルギー依存度は高い。天然ガス依存度は40％にも上る。そうでありながら米国ネオコン外交に追随する愚かさだった。

その愚かさに愛想をつかした国民のデモがEU諸国各地で起きている。フランスでもマクロン大統領への激しい批判が起きている。マクロンは、コロナ対策でもワクチン接種強制策をとったことからもわかるように米国べったりの政策を続けてきた。それがもたなくなっている。そんな中でランブルに圧力をかけた。

フランス政府はランブルに対して、ロシア発信の情報の削除を要求した。プーチン大領やロシア外務省は繰り返し外交的妥協を求めるメッセージを発信していた。そうした情報はマクロンには不都合だった。ランブルにロシア発信情報の削除を要求したのである。パヴロヴスキがそれを拒否した。

２０２２年11月2日、ランブルは次のようにフランス政府と戦っていることを公表した。

「フランス政府はランブルに対してロシア発のニュースの削除を要求している。わが社のミッションは、インターネット上に、自由でオープンな言論の場を回復することにある。人気のない少数意見であっても、ランブル上では他の人気動画同様にアップロードできる」

「ランブルは、フランス国内からのランブルへのアクセスを暫定的に止めると決断したが、司法の場でフランス政府の削除要求の違法性を主張する。この決断がわが社の経営に与える影響は少ない。フランスからの収益は１％に満たない」

「フランスのユーザーはランブルにアクセスができなくなるが、これはひとえにフランス政府のわが社への削除要求の結果である。フランス政府がその態度を早急に改めることを願っている」

世界が左翼全体主義化するなかで、言論の自由を守ると決めたパヴロヴスキやマスクのような若手起業家が現れたことは喜ばしいことである。

【第3章・脚注】

＊１：Who is Chris Wallace, New York Post, September 29, 2020

＊２：Chris Wallace interviews Russian President Vladimir Putin, Fox News, July 16, 2018

＊３：Joe Biden's 5 biggest Lies From the Debate Stage, PM., September 30, 2020

＊４：Newsweek, April 21, 2022

＊５：The Guardian, December 12, 2021

＊６：AllSidesMediaBiasChart-Version7.jpg（1531×1730）Fox News Channel crushes CNN, MSNBC viewership for 88th consecutive week | Fox News

＊７、８：FOX News、２０２２年10月25日

＊９：バイデン支持率ロイター調査
Biden approval polling tracker（reuters.com）

＊10：CNN Chief's Republican Apology Tour, Washington Free Beacon, August 1, 2022
CNN Chief's Republican Apology Tour（freebeacon.com）

＊11：Joseph A. Wulfsohn, Fox News, October 16, 2022

＊12：同右

＊13：How Mark Zuckerberg helped Dems sway the 2020 election（nypost.com）

＊14：フェイスブックの歴史等については以下サイトに依った。
Facebook Business Model（businessmodelanalyst.com）

＊15、16：Insider, April 3, 2021

＊17：Insider, February 8, 2022
＊18：Yahoo News, October 27, 2022
　Sales slump at Facebook parent Meta, stock tumbles (yahoo.com)
＊19：Meta Platforms Slashes Over 11,000 Jobs, 13% of Its Workforce (coindesk.com)
＊20：マスクのスピーチはＴＥＤの以下サイトで視聴可能である。
　Elon Musk: Elon Musk talks Twitter, Tesla and how his brain works — live at TED2022 | TED Talk
＊21：Half of Joe Biden's Twitter followers are fake, audit reveals (nypost.com)
＊22：Permanent suspension of @realDonaldTrump (twitter.com)
＊23：Twitter layoffs: anger and confusion as multiple teams reportedly decimated - as it happened | Business | The Guardian
＊24、25：Celeb Against Donald Trump, CBS News, June 15, 2016
　Celebs against Donald Trump (cbsnews.com)
＊26、27：Celebrities are starting to leave Twitter. Here's a running list. (nbcnews.com)
＊28：Biden sued for 'colluding' with Big Tech to suppress free speech on Hunter laptop (nypost.com)
＊29：A Note from Rumble CEO Chris Pavlovski - House Republican Leader

第4章

露見するバイデン政府官僚の悪行

メディア統制とワクチン強制行政

現在の米民主党は社会主義政党である。大きな政府を志向する。官僚も労働組合も巨額予算を惜しみなく計上する民主党がお気に入りである。官僚組織にとって民主党政権の継続こそが自らの権力の増大となり、「権力行使の快感」と「金銭的報酬」を保証する。

日本の保守論客の多くが思い切った財政出動を叫んでいるが、経済学的なロジックはあっても、それに伴い不可避的に起きる官僚組織および政府権限の肥大化に留意するものは少ない。財政出動が効果を生むためには、官僚組織を肥大化させないという強い意志を持った政治家が要る。肥大化した官僚組織は必ず悪さをする。これはロジックではなく「経験則」であり「人間の性《さが》」である。

米民主党政権下の官僚の行状がこの「経験則」の正しさを示している。FBIの悪行はすでに繰り返し述べたが、これは官僚組織全体の腐敗の氷山の一角である。本章では米国の肥大化した官僚組織（政府組織）がいかなる悪さを続けてきたかを扱う。

1 連邦政府を訴えたルイジアナ、ミズーリ州

2020年5月5日、ミズーリ州司法長官エリック・シュミットは、バイデン大統領および同政権幹部に対して、「ソーシャルメディア企業と共謀し、言論の自由を抑圧した」としてル

イジアナ州司法長官と連名でルイジアナ州連邦地裁に提訴したことを明らかにした。少し長くなるが、その内容を紹介したい（抜粋）。バイデン政権の本質が明確に語られている。*1

ミズーリ州ジェファーソンシティ　司法長官エリック・シュミット

２０２２年５月５日　14時43分

「本日、ミズーリ州司法長官エリック・シュミット及びルイジアナ州司法長官ジェフ・ランドリーは、バイデン大統領および同政権幹部官僚を提訴した。彼らは大手ソーシャルメディア例えばメタ、ツイッター、ＹｏｕＴｕｂｅなどと共謀し、検閲などを通じて自由な言論を封じた。コロナ問題（注：ワクチンの有効性への疑念や副作用問題）、選挙不正問題などにかかわる議論（意見）をすべて偽情報と決めつけ排除した」

「言論の自由こそが、健全な社会の基礎である。対話、討論、議論。これこそがわが建国の父たちが権利章典として成文化してくれたものである」

「ミズーリ州民だけでなく米国民にとってソーシャルメディアはいまや普遍的なツールとなっている。ソーシャルメディアの提供するプラットフォームを利用して、例えば、『マスクは効果があるのか』、『コロナウイルスの生物化学研究施設からの流出説の真偽』といったテーマを語り合えるのである」

「自由な言論を保証する憲法修正第1条に反して、バイデン政権は大手ソーシャルメディアにそうした議論を排除させる圧力をかけ、検閲あるいは排除の動きをとった。ソーシャルメディアと共謀した検閲は、まさにジョージ・オーウェルが描いた言論抑圧社会を、『偽情報(misinformation)の排除』という名目で作ろうとしている」

上記がシュミット司法長官の訴えである。

さらに、「被告にはバイデン大統領、ジェン・サキ前報道官、アンソニー・ファウチ(注:国立感染症研究所長〈NIAID〉)、ヴィヴェック・マーティ軍医総監が含まれる。彼らは、メタ、ツイッター、YouTubeなどと共謀し、コロナウイルス研究所流出説、マスクの効用への疑念、2020年選挙不正疑惑にかかわる『真の情報(truthful information)』を排除した。私(長官)はこの状況を座視しない。バイデン政権はミズーリ州民、そして米国民の修正第1条に保証された権利を侵している」と続けた。

ランドリー・ルイジアナ州司法長官も、「ビッグテックは、バイデン政府の一部と化した。彼らは真実を覆い隠し、政府の考えと異なる者たちを悪魔化している。かつてスターリンらが実行したやりかたをなぞるように、ビッグテックと共謀し、大衆を(偽情報で)扇動している。我々は、法治社会を守り抜く。憲法違反である、政府による言論の自由迫害をさせないためで

ある」と続けた。〈後略〉

後略部分には、訴状で挙げられた被告たちの具体的な行為が詳述されている。

米国は州の合衆（州）からなる共和国である。その成り立ちからわかるように、各州の独自性が担保されている。本訴訟はその伝統をくんでいる。ミズーリ・ルイジアナ両州がこのような裁判を起こさざるを得ないほどにバイデン民主党政権の言論抑圧は過激なのである。

訴状は西部ルイジアナ州連邦地裁（モンロー支部）に届けられた。原告名簿には上記2州に加え、言論弾圧の被害者として名乗りを上げたブラウンストーン研究所（Brownstone Institute）のシニア研究員マーチン・クルドルフ、ジェイ・バッタチャルヤ、アーロン・ケリアティの名もあった。[*2] ブラウンストーン研究所は、コロナワクチンをめぐる政府検閲のあまりの酷さをきっかけにして設立された新しい非営利団体である（2021年5月設立）。

米国の裁判で重視されるプロセスは、「証人喚問」と「証拠開示請求」である。原告被告ともに、相手に対して必要だと思われる人物の証人喚問や証拠の開示を求めることができる。その請求を、正当な理由なくして拒むことはできない。拒否したければ、裁判長に合理的理由を示し納得させなくてはならない。

バイデン政権は、原告の証人喚問や証拠開示を拒むべく裁判長の説得を試みた。しかし、それは失敗に終わった。7月19日、テリー・ダウティ裁判長は、「5日以内に原告は証拠開示請求ができる」と判じた。[*3]

証拠開示請求によって、あるいは独自ルートを使って得られていた証拠文書は、それに続く証人喚問の必要性（妥当性）を補強した。原告が、以下の人物の証人喚問を求めたのは10月10日のことである。10月21日、裁判所はその請求を認めた。[*4]

アンソニー・ファウチ　米アレルギー感染症研究所長（NIAID）
ジェン・サキ　バイデン政権前報道官
ロブ・ファハーティ　大統領府デジタル戦略部長
ヴィヴェック・マーティ　軍医総監
ジェン・イースタリー　CISA（米国国土安全保障省サイバーセキュリティ・インフラストラクチャー）局長
エルヴィス・チャン　FBI監視特別官（Supervisory Special Agent）

彼らは、宣誓下での証言を求められることになる。偽証は罪に問われる。ここにあげた人物以外の証人喚問も予想される。彼らの多くが、共和党が多数派となった下院の関係委員会からの証言も求められることになろう。

11月23日、アンソニー・ファウチが証言台に立った。この証言を報じるニューヨークポスト紙（11月25日付）は次のような見出しで報じた。[*5]

「全知全能のファウチ氏の記憶、証言台で突然に消える」

この見出しからもわかるように、ファウチは「覚えていない作戦」を取ると決めたようだ。宣誓証言での嘘は罰せられるが「記憶喪失」はお咎めなしである。ファウチのホワイトハウスからの発言は自身の言葉が科学そのものであると主張するほどに自信満々であった。彼の判断にそして米国の医療官僚の言葉に疑いをはさむことは科学の否定であるとまで言い切った。

ルイジアナ州司法長官ジェフ・ランドリーは、彼の態度を厳しく批判した。

「彼のいう『科学』を根拠に実施されたコロナ対策（各種規制）で、米国経済はがたがたになった。彼は『科学』に国民は従えと命じた。そうでありながら、7時間の証言では、コロナ対策について実質的に何ひとつ覚えていないと言うのである」[*6]

いよいよ医療官僚たちの化けの皮がはがれてきた。今後の展開については機会を改めて読者に伝えたい。

2 カリフォルニア州の悪法、医師沈黙法

1節で書いたように、バイデン政権はコロナワクチン政策に全体主義的強制策をとった。彼らはまず連邦職員への強制接種を決めた。民主党知事の州（ブルーステート）も同様に州職員

への強制接種を進めた。

強制接種が合理性を持つためには少なくとも「ワクチンは有効である」、「ワクチンのベネフィットは副作用の危険性を上回る」、「ワクチン以外には対処療法がない」といったことが前提になる。バイデン政権は、この仮定を覆す可能性のあるあらゆる情報をメディア空間から遮断した。言論の自由を侵す最たる行為であった。

だからこそ、1節で述べたミズーリ・ルイジアナ両州の提訴で医療関係者の証人喚問が要求されたのである。いま米国では、「ワクチンは効かない」、「心筋炎を筆頭とした副作用の危険性は、ワクチンの効用を上回る」、「子供に接種は不要」、「マスクに有効性はない」といった国民世論が形成されつつある。

民主党系市長を擁するニューヨーク市は、ワクチン接種を拒否した職員を解雇した。ビル・デブラシオ前市長は、市職員へのワクチン接種を義務付けた。接種を拒否した職員1700名が解雇されていた。しかし、2022年10月24日、ニューヨーク州最高裁は、解雇職員の復職・解雇期間中の給与支払いを命じた。*7

子供たちへのワクチン接種を政府機関は勧奨するが米国民の拒否反応は強い。フロリダ州知事ロン・デサンティスやミズーリ州知事マイク・パーソンは子供たちへのワクチン接種強制は絶対に阻止すると明言している。どちらも共和党の知事である。

すでに２０２１年夏には、子供たちがコロナに感染した場合の死亡率は０・００５％であるというデータが英国から出ていた。死亡した児童は、すでに脳や神経系に重度の障害のあった子供たちだけであり、喘息・糖尿病・ダウン症・てんかんなどの症状であれば死亡はなかった(National Review ２０２２年７月９日)。心筋炎などの副作用リスクはベネフィットを上回るとの考えが国民世論となっている。

政府寄りの報道を続けていた英国ＢＢＣでさえも「子供のリスクはきわめて低いことが判明」（２０２１年７月９日）と報道した。

民主党系知事あるいは市長らがこぞって全体主義的なワクチン強制策をとったのは、彼らなりの正義感があったからなのかもしれない。彼らは「ワクチンを接種すれば他者に感染させない」と信じ込んでいた。従って、「接種拒否者は他者への感染をなんとも思わないエゴイストである。だから解雇しても構わない」というロジックになった。

しかしこれも根拠なき思い込みであった。２０２２年10月11日、ファイザー幹部が欧州議会に召喚され証言した。証言者は、同社国際市場開発担当責任者ジャニーン・スモールである。ＥＵ議会は同社ＣＥＯアルバート・ブーラの証言を求めていたが彼は証言を拒否していた。

スモールに質問したのはロブ・ルース議員（オランダ代表）だった。ルース議員は「ワクチンが市場投入される前の段階で、ワクチン接種で感染が防げるか否かの確認検査をしていた

タッカー・カールソン(FOX News)のインタビューに答えるロブ・ルース議員。右の女性は「テストしていない」と証言したジャニーン・スモール(ファイザー社)［rob roos EU parliament Pfizer testimony］

か」と聞いた。彼女の答えはＮＯであった。「テストする時間はなかった」と平然と笑みを浮かべて答えたのである。筆者には「悪魔の冷笑」に見えた。

憤ったルース議員は、質疑後、直ちにツイートした。

「ファイザーの役員はワクチンが感染を防ぐか否かのテストをしていないと証言した。周りの人のためにワクチンを接種しようというスローガンは嘘だったのである。ワクチンパスポートの導入は他者への感染防止だけが理由だったのではないか」(10月11日)

このツイートが削除されなかったのは幸いだった。同社の検閲担当もイーロン・マスクの買収が予想される中で、これを削除する勇気がなかったのであろう。

世界的にコロナワクチンの効果やファイザー社の経営理念に疑念が生まれている中で、２０２２年9月30日、カリフォルニア州はある法律を成立させた。「同州医師がコロナ治療に関して、偽情報を流した場合、医師免許を停止あるいははく奪する」法律である。

「すでにコンセンサスができている治療法以外の情報を医師は患者に流してはいけない」と定めたこの法律はさしずめ「医師沈黙法」と呼べるものである。この法律の成立で、ワクチンを打つか打たないか迷う患者の前で、医師は沈黙せざるをえない。「自分で判断してください」と答えるしか身を守る術がない。

ここでいうコンセンサスとは医療官僚が決定した治療法を指す。従って、患者から治療法について相談を受けてもそれに対して真摯な指導ができない。妊婦でも幼児でもワクチン接種を求めてくれれば、「政府の指導」に沿った治療法以外の指導や治療ができない。今後、現場での混乱あるいは憲法違反の訴訟が起きることは火を見るよりもあきらかである。

この法律の成立を促したのはカリフォルニア州医療連盟（ＦＳＭＢ：Federation of State Medical Boards）なる業界団体であった。ＦＳＭＢは従前から大手製薬会社からの多額の献金を受け、薬に頼らない治療法を進める医師を目の敵にしてきた。[*8]

「医師沈黙法」に署名した同州知事ガヴィン・ニューサムは２０２４年大統領選挙では民主党の有力候補者とみなされている。

カリフォルニア州は左翼全体主義思想が隅々までしみこんだブルーステートである。それでも11月の中間選挙では同州共和党は頑張りをみせた（後述）。同州が正気を取り戻す日はまだ遠いが、共和党の頑張りに期待したい。

3 911事件で「焼け太った」国土安全保障省の暴走

国土安全保障省（ＤＨＳ：Department of Homeland Security）は、２００1年の世界同時多発テロ（９１１事件）を受けて設置された組織である（２００2年11月25日）。意地悪い言い方をすれば、９１１事件を利用して「焼け太って」できた新組織である。

ここでは、深入りしないが９１１事件はあまりにも不可解な点が多い。旅客機が激突したビルは2つだが瞬時に倒壊したビルは3つ、ペンタゴンに突入した双発旅客機（のエンジンは1つしか見つからない、ペンシルバニア上空でハイジャックされ墜落した飛行機の残骸からは乗客の遺体がない。筆者は、こうした疑問に対する合理的な解が提示されるまでは、政府の公式説明（アルカイダによるテロ工作）を信じない立場をとっている。

いずれにせよ、９１１事件に代表される危機は、官僚たちにとって組織拡大のチャンスである。米国の官僚もこの絶好の機会を逃さずＤＨＳを創設した。テロリズム防止、国境・出入国管理強化、サイバーセキュリティ対策に特化した組織の新設となった。これによって米国の諜

米国の諜報組織関係省庁関連図

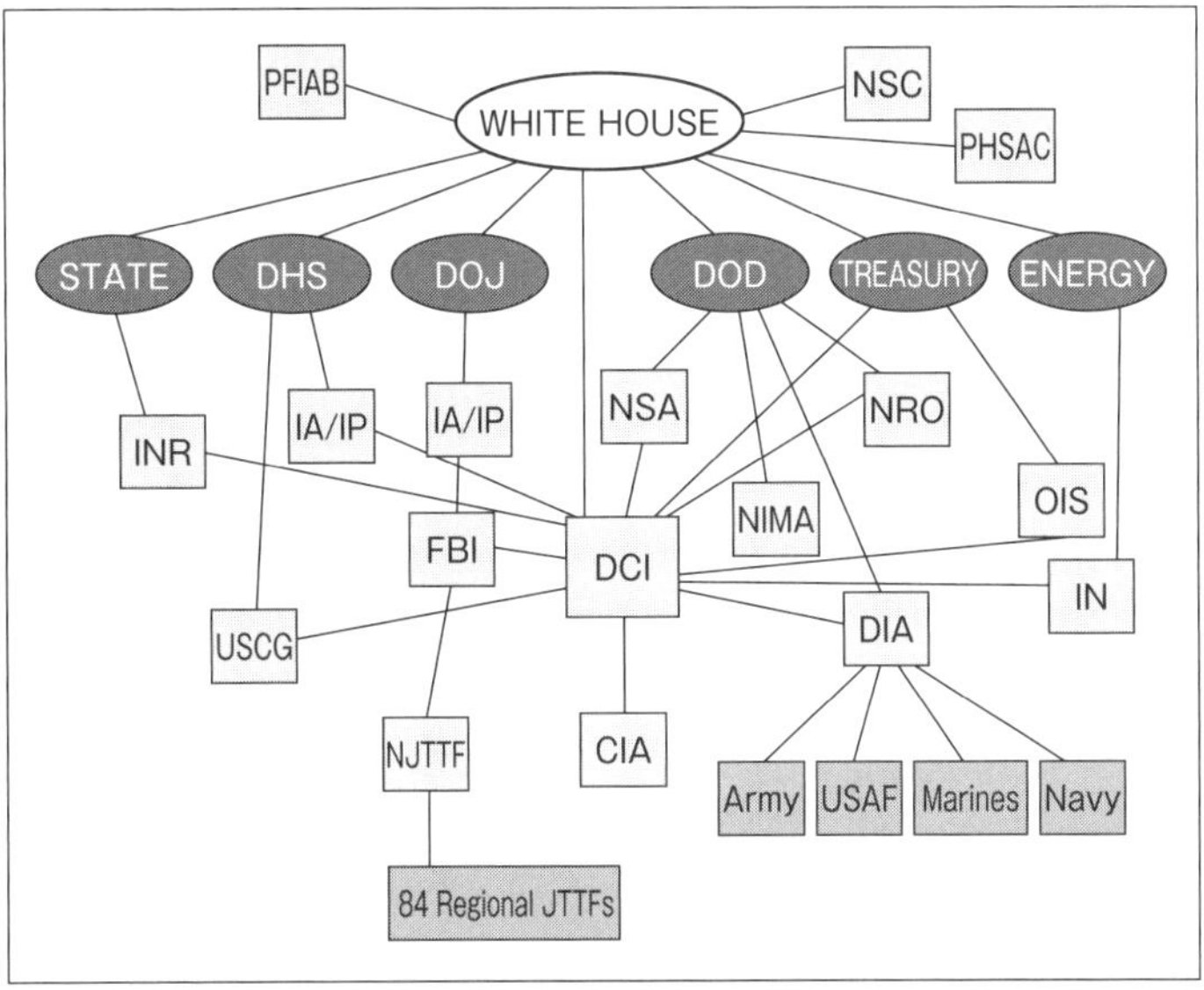

報組織はいっそう肥大化した。現在の組織図（英文）は上に示した。錯綜した組織図から、まともに機能するはずがないと考えるのが常識であろう。

大統領府（WHITE HOUSE）、国務省（STATE：State Department）、司法省（DOJ：Department of Justice）、国防総省（DOD：Department of Defence）、財務省（TREASURY）、エネルギー省（ENERGY：Department of Energy）がそれぞれに独自の諜報組織をもっている。「船頭多くして船陸に上がる」状態にあるのが米国諜報組織である。

マスクは、買収完了後ツイッター社の最高幹部パラグ・アグラワル（CEO）とネド・シーガル（CFO）を直ちに解

解雇された法務担当役員ヴィジャーヤ・ガッデ

雇したと書いた。解雇された最高幹部にはもう1人の重要人物がいた。ヴィジャーヤ・ガッデ（Vijaya Gadde）である。

ガッデの職掌は、ツイッターが提供するプラットフォーム上にいわゆる「ヘイトスピーチ」が飛び交わないことを法律的に担保することであった。彼女の解雇で、ツイッターと国土安全保障省（ＤＨＳ）が定期的に打ち合わせていたことが世に知れた。

ガッデは、インド・ハイデラバードに生まれた（１９７４年）。３歳の時に米国移住した両親とテキサスで育った。１９９７年コーネル大学で労働関係法を学んで卒業した（学士）。その後ニューヨーク大学（ロースクール）で法律を履修した。２０１３年から、ツイッター社法務担当役員として務めていた。同社での年収は２０２０年には７３０万ドル、２０２１年には１７００万ドルに急増していた。[*9]

彼女の「悪行」は解雇と同時に世に知れた。The Interceptというメディアが、フェイスブックとツイッターはＤＨＳと定期的に情報交換していたことを暴いたのである。その文書の中に彼女の名があった。彼らは、いかにしてバイデン政権、民主党に不都合な情報をソーシャルネットワークのプラットフォームから排除するかを協議していた。
ＤＨＳは、多くのテーマでの検閲を求めていたが、特に以下にかかわる情報の検閲を重視していた。[*10]

アフガニスタン撤退時のバイデン政権の失策
コロナウイルス・ワクチン情報
人種問題
バイデン政権のウクライナ支援
ハンター・バイデンラップトップ問題

政府機関は言うまでもなく米国憲法に保証された言論の自由を守る義務がある。メタやツイッターは、提供するプラットフォーム上での名誉棄損などについては免責されていることはすでに書いた。念のために再掲する。

「プロバイダ（ＳＮＳ等のプラットフォームサービス及びＩＳＰ）は、①第三者が発信する情報について原則として責任を負わず、また、②有害なコンテンツに対する削除等の対応（アクセスを制限するため誠実かつ任意にとった措置）に関し、責任を問われない」

政府機関との協力関係にあれば上記条件②を満たさない。検閲が誠実ではなくかつ任意でもないからである。そうなると免責特権を受けられないことになる。この件についてコメントを求められたツイッター社報道担当者は、「われわれは社の独自基準で判断している」と答えたとインターセプトは報じている。[*11] 早くも、マスクイズムが浸透し始めたことを示していた。

ガッデの政府組織（ＤＨＳ）との共謀疑惑については、先に述べたミズーリ・ルイジアナ両州による訴訟資料でも触れられていた。この裁判においてもガッデおよび彼女とコンタクトしていたＤＨＳ担当者の証人喚問が求められる可能性は高い。ワシントン議会下院多数派となった共和党も強い関心を示しているだけに議会証言も不可避となったようだ。

最後に、マスクはなぜ有利に進んでいたかに見えた裁判を中断してまで、明らかに嵩上げされていた株価を基にした買収に応じたのだろう。彼は、旧ツイッター経営陣が裁判の過程で嘘をついていたことを知っていたようである。米国の訴訟では犯罪に故意性が認められると有罪認定された場合に高いペナルティが課せられる。マスクは、旧経営陣に対する訴訟を考えているようだ。すでにすべてのデータが彼の管理下にある。マスクに協力する社員は少なくない。

高い買い物であっても、よきアメリカのため、言論の自由の回復のための投資であれば、買収は早ければ早いほどよいとマスクは割り切ったに違いない。だからこそ旧経営陣に対する責任追及は厳しくなる。

今後の展開を注視したい。

4 NIHのドン、ファウチの悪行

ロバート・ケネディ・Jr.（以下ロバートJrとする）は、ジョン・F・ケネディ大統領の弟ロバート（ケネディ政権司法長官）の長男である。若い世代にはピンと来ないかもしれないが、60代後半より上の世代はケネディ大統領暗殺事件（ダラス：1963年11月22日）もロバートの暗殺事件（ロサンジェルス：1968年6月5日）も鮮明に覚えている。2人の暗殺については、現在に至っても、多くの謎があることは読者もよく知っていよう。

ロバートJrが「リアル・アンソニー・ファウチ（Real Antony Fauci）」を出版したのは2021年11月のことである。邦訳はないがタイトルをつけるとすれば「本当のアンソニー・ファウチ」あるいは「ファウチの素顔（裏の顔）」とでもなろうか。

同書は、バイデン政権がそして大手メディアが、コロナ対策のオーソリティとして持ち上げてきたファウチがいかなる人物であるかを赤裸々に描くドキュメンタリーである。ファウチは、国立感染症研究所長であり、バイデン政権ではコロナ対策の主席アドバイザーでもある。「リアル・アンソニー・ファウチ」は100万部以上を売り上げるベストセラーとなった。そうでありながら、主要メディアは無視を続ける。1つの書評も出ていない。理由は単純である。ワクチン行政のトップであるファウチ批判の書だからである。彼のワクチン行政は、徹底的なワクチン接種勧奨である。大手メディアは巨大スポンサーである大手製薬会社に忖度している。

ファウチの方針に沿って米国のワクチン政策は作られた。mRNAワクチンは未だに試験段階でありながら「安全である」と言い切った。米国だけでなく日本、いや世界中の医療行政が彼の意見（および彼の影響力が強いWHO〈世界保健機構〉）の上に立って組み立てられた。

軍人も含む連邦政府職員にはワクチン接種が強制された。現役グリーンベレーのメンバーでも、イラクやアフガニスタンで戦功をあげた兵士でも接種を義務付けられた。拒否すれば軍人としての各種ベネフィットははく奪される。メモリアルデイ（第一次大戦後の戦没将兵追悼記念日：5月の最終月曜日）には、勲章を胸につけて誇らしげに行進していた退役軍人も、接種を拒否すれば非国民になった。

ファウチのワクチン政策は国民を「接種者」と「非接種者」に二分した。家庭も分断された。子供への接種をめぐって揉める家庭が続出した。ほとんどの場合が、接種することで不和が避けられればと考える側が不承不承に二の腕を晒して注射針の痛みに甘んじた。その痛みは肉体的苦痛ではない。自らの信念を裏切る心の痛みだった。

老齢介護施設では、愛する子供や孫に会えないまま死んでいく老人の悲しみが、一部ソーシャルネットワークを通じて報じられたが、主要メディアはだんまりである。

国民を二分し、家庭を破壊するワクチン強制接種政策は国家不安定化を狙う左翼全体主義者（フランクフルト学派）には都合がよい。ファウチがそうした考えに侵されていたかは定かではないが、彼らの喜ぶ結果を生んだことは事実である。

ファウチは、１９８４年以来ＮＩＡＩＤ所長を務める。１９４０年生まれであるからすでに80歳を超えている。日本で言えば昭和15年生まれである。戦前に生まれて、いまだに現役を続ける行政機関の長は日本にはいない。

これだけ長期にわたって同一ポジションにいられるのは世界同時多発テロ事件の「恩恵」である。同時多発テロ事件の象徴は９１１事件だが、続いて炭疽菌事件が起きた。９１１事件の１週間後（９月18日）及び10月９日に、炭疽菌が入った封書が、ワシントンＤＣの政治家、出版社、政府機関などに送り付けられた。この事件について、国立衛生研究所（ＮＩＨ）の機関紙「ＮＩＨ ＲＥＣＯＲＤ」（２０２２年5月13日号）は次のように書いている。[*12]

「炭疽菌によるテロ攻撃は数カ月にわたった。最終的に22人が感染し、５人が亡くなった。郵便局や政府ビルディングの洗浄に10億ドルの費用がかかっている。当時この病に詳しい医師はほとんどいなかった。我が国での症例が報告されたのは１９７６年が最後だった」

２００２年12月６日、ファウチ所長はアルバニー・メディカルセンター（ニューヨーク州）

で講演した。同センターは、バイオメディカルリサーチ分野で活躍する人物を表彰するプログラムを持っていた。ファウチは、２００２年度の受賞者で賞金50万ドルを授与されていた。

「われわれは今、バイオテロリズムの危機に晒されている。（中略）これに対処するためには、安全なワクチンが必要である。例えばエイズに感染した子供に使われるようなタイプのものである」[*13]

ファウチはバイオテロに備えたワクチン開発の必要性を訴えた。スピーチが終わると会場から万雷の拍手が湧いた。

ファウチは同様の主張を、大統領府、ワシントン議会、テレビのトークショーなどで繰り返した。炭疽菌テロ事件の記憶が新しいだけにみな彼の主張を熱心に聞いた。当時、ブッシュ政権は、テロの恐怖を煽っていた。

「９１１事件の首謀者はアルカイダ」、「その背後にはイラクのフセインがいる」。これがブッシュ大統領がアフガニスタンそしてイラク侵攻を国民に納得させる理由となった。ファウチの主張（ワクチン開発に予算をつけよ）は、乾いた砂にこぼれた水のようにワシントン政界に浸みた。バイオテロの恐怖を煽るファウチ所長は、イラク侵攻を画策するブッシュ政権には好都合だった。

２００３年３月20日、米国ブッシュ政権はイラク侵攻を開始した。しかし大量破壊兵器も生物化学兵器も見つからなかった。米国ブッシュ政権はまんまとつき通した嘘で、戦争を始めたのである。

ファウチのブッシュ政権への「貢献」への見返りが、ＮＩＨへの十分な予算付けと、「能力ある」研究者の長期任用の容認だった。これが戦前生まれの現役官僚が生まれた背景である。ＮＩＨの傘下にあるＮＩＡＩＤへの巨額予算付け（２０２２年、63億ドル）もその流れの中にある。

大きな政府（組織）は必ず腐敗する。同一人物が長期間居座ればその腐敗は加速度的に悪化する。それがＮＩＡＩＤで起こっていた。

先に紹介した「リアル・アンソニー・ファウチ」は、彼自身の、そして彼の率いるＮＩＡＩＤの腐敗ぶりを余すところなく描写していた。

1　データの隠蔽
2　コロナ禍対策の失敗
3　権力濫用
4　ワクチン開発過程で実験対象とした動物や児童の虐待
5　大手製薬会社との癒着
6　人口削減論者ビル・ゲイツとの20年以上もの親密な関係

内容に衝撃を受けた映画監督カラ・マンドレイクは「リアル・アンソニー・ファウチ」を映画化した（2022年10月18日公開）。内容を簡潔に紹介するプロモーションフィルム（トレイラー）はまだオンラインで閲覧できる（11月22日閲覧）。[*14] しかし、普通にYouTube上でファウチを検索すると、彼を礼賛するドキュメンタリー番組が検索上位画面に目白押しである。今後に予想される議会からの証人喚問をYouTube幹部は覚悟していよう。

映像は強力である。ファウチのワクチン開発過程で犠牲になった児童や動物の映像には心が痛む。これがソーシャルメディア空間で広く共有される日も近いであろう。

ファウチは風の流れが変わったことを知っている。2022年8月22日、12月には引退すると述べた。引退していようがいまいが、彼が議会での厳しい尋問に晒されることは確実である。医師でもある共和党上院議員ランド・ポールはファウチには刑事罰が適用されるべきだと述べている。ファウチはいばらの道を歩かなくてはならない。巨大国際製薬メーカーが彼を庇いきれるかどうかは誰にもわからない。

5 武漢ウイルス研究所への迂回資金提供

先に書いたようにワクチン開発への巨額資金計上が可能だったのは、バイオテロリズムへの防衛という「お題目」があったからである。防衛は攻撃と表裏一体をなす。敵がいかなる細菌兵器を開発するかわからない。そうした兵器を先に開発したいと考える心理はわからないでもない。

危ないウイルスをさらに危険にする研究は機能獲得実験と呼ばれる。機能獲得実験は「新細菌兵器開発」を言い換えたものである。この危険性にオバマ政権は気づいた。「２０１４年、オバマ政権は機能獲得実験への資金提供をいったん停止（モラトリアム）すると決めた。マウスによる実験で鳥インフルエンザ（Ｈ５Ｎ１）ウイルスの感染力を強めることができたという報告があったからである。動物実験により（本来感染力のなかった）ウイルスがいかに人間に感染するかのモデルが示されていた。（人への感染力を獲得した）ウイルスが流出する可能性があり、懸念を生んでいた」（ニューズウイーク、２０２１年7月22日）[*15]

官僚組織は規制をかいくぐる手段をいくらでも持っている。非政府組織の利用はその典型である。彼らは高尚な活動目的を掲げた非政府組織を設立させる。そのうえで、豊富な政府予算をそこに注ぎ込むのである。

その好例が全米民主主義基金（ＮＥＤ：National Endowment for Democracy）である。ＣＩＡは、議会承認を受けない外国政府のレジームチェンジ行為を禁じられている。ＣＩＡは自ら実行すれば不法になる行為を、ＮＥＤを使って合法化させている。東欧・中東諸国でカラー革命が相次ぎ実際にレジームチェンジが起きていた。そこにはＮＥＤの「活躍」があった。「ＣＩＡの犯罪行為のロンダリング」組織がＮＥＤである。

ＮＥＤ・ＣＩＡの癒着を批判するティエリー・メイサンは次のように書いている。

「過去30年間にわたってＮＥＤはＣＩＡの不法工作の下請けを担っている。国民の疑念を生まないようにしながら、世界に『腐敗のネットワーク』を構築した。世界中の労働組合、経営者団体、政党などに手を突っ込んでいる。右も左もない。ＮＥＤの狙いはあくまでアメリカの利益であって、支援される側の利益は考えない」（２０１６年8月16日）[*16]

機能獲得実験を続けたいファウチは、その不法行為をエコヘルスアライアンスなる組織を使って合法行為に見せかけた。オバマ政権のモラトリアムが決まるとＮＩＡＩＤの上部組織ＮＩＨはそうした実験への資金提供を中止した。しかしわずかその数週間後に、ファウチは武漢ウイルス研究所への資金援助を続行させた。資金はエコヘルスアライアンスからの迂回資金提供でまかなわれた。ファウチが資金提供した総額は３００万ドルと報じられている。[*17]

ファウチは、この問題を何度もワシントン議会で追及されたが、非を決して認めなかった。資金提供そのものも認めなかった。しかし、２０２１年5月、上部組織であるＮＩＨの予算執行書からエコヘルスアライアンスを通じた資金提供が武漢ウイルス研究所になされていることが明らかになった。

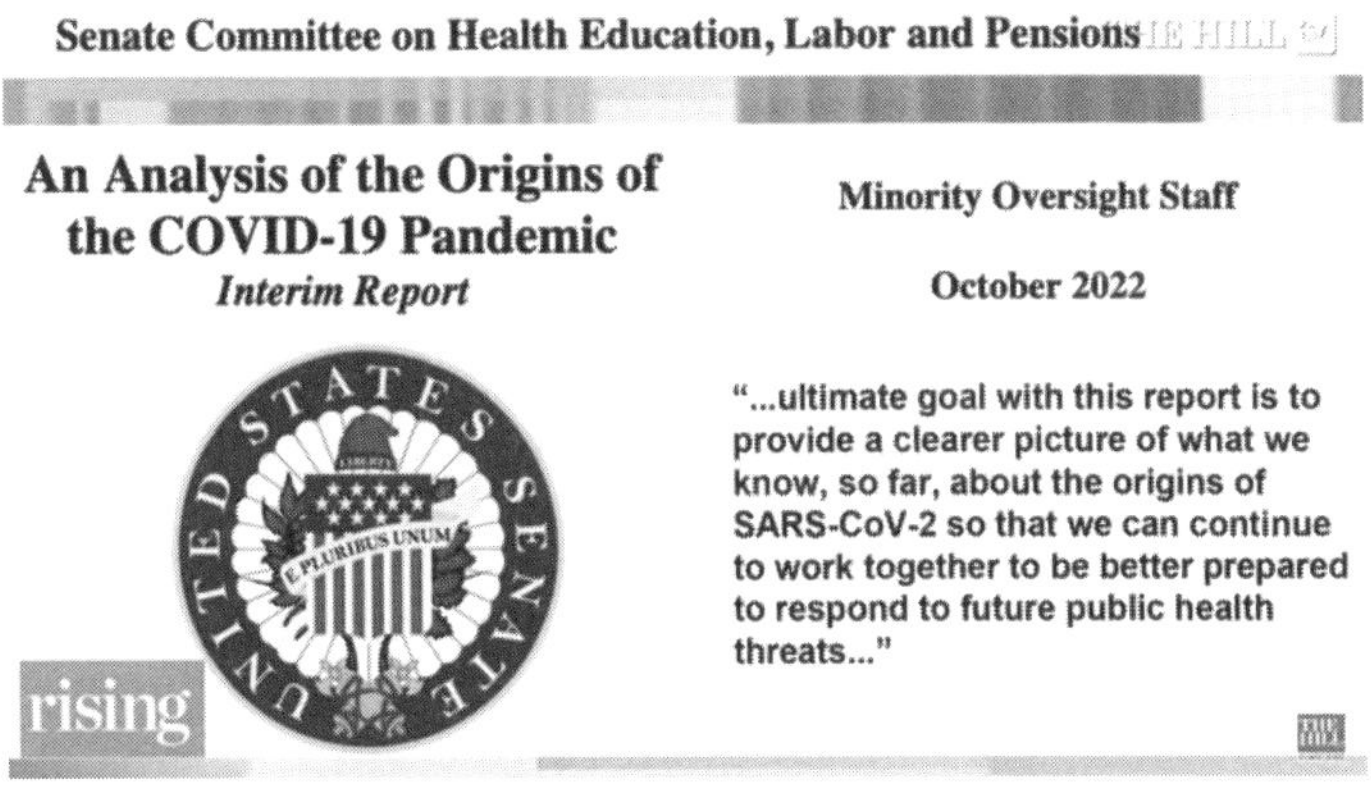
Senate Committee on Health Education, Labor and Pensions
An Analysis of the Origins of the COVID-19 Pandemic
Interim Report
Minority Oversight Staff
October 2022
"...ultimate goal with this report is to provide a clearer picture of what we know, so far, about the origins of SARS-CoV-2 so that we can continue to work together to be better prepared to respond to future public health threats..."
UNITED STATES SENATE
E PLURIBUS UNUM
rising

上院健康・教育・労働・年金委員会（Senate Committee on Health Education, Labor and Pension）暫定報告書（2022年10月）

ワシントン議会はファウチに証言を求めた。ファウチは悪びれることもなく自身の決定を正当化した（下院歳出委員会小委員会証言）。

「蝙蝠を使ったウイルス研究をまさかバージニア州フェアファックスのようなところでやることはできますまい。この研究は、動物から人間への感染についてのものです。だからこそ信頼する中国の研究者と協力したのです。彼らはコロナウイルスの研究では世界的に評価されている専門家ばかりです。エコヘルスアライアンスへの資金援助の一部を使って協力したのです」

（FOX News、2021年5月25日）[*18]

この証言にワシントン議会は驚きそして憤った。上下両院で繰り返しファウチの聞き取りがあったが、与党民主党は常に彼を庇った。2022年10月、そうした証言などをベースに上院健康・教育・労働・年金委員会（Senate Committee on Health Education, Labor and

Pension）は暫定報告書（少数派意見書）を作成した。同報告書は次のように結論付けている。

「これまでに明らかになった情報を分析すれば、ＣＯＶＩＤ-19禍（注：コロナウイルス禍）は、（機能獲得）実験・研究の過程で起きたと結論付けてよさそうである。今後出てくる新情報でこの判断が覆ることもないといえないが、動物から人間への感染力を持ったウイルスが自然発生であったという仮説（主張）はもはや合理的な疑いを超えて誤りであろう」（上記報告書26頁）[*19]

この報告書は委員会少数意見書（Minority Report）である。「コロナウイルス武漢ウイルス研究所流出説」を民主党はけっして認めない。11月の中間選挙を受けて２０２３年には下院は共和党が多数派となった。ファウチに対する追及がふたたび始まる。ファウチは民主党のそしてソーシャルメディアの援護も薄くなることを覚悟しなくてはならない。

⑥ 各国のワクチン強制策の失敗とデータ隠蔽

世界各国は、ファウチに代表される米国医療官僚、大手製薬会社あるいはビル・ゲイツなどと深い関係を構築してきたＷＨＯの指導に従ったコロナ対策を実施した。まだ安全性が未確認であるワクチンでありながら、国民への強制接種を義務付ける国が続出した。そうでありながら副作用被害については自己責任であり、製薬会社も免責とされた。世界の指導者は、ワクチンは安全であると言い切った。

例えば、カナダ・トルドー政権は、連邦政府職員への接種を義務付け、従わない職員は解雇された。一般国民への強制接種はさすがにできなかったが、ワクチンパスポートの導入で、非所持者にはレストラン、公共交通機関、公共施設などの利用を禁止した。非接種者は飛行機を利用できないため事実上「国内監禁」となった。

あらゆる薬には年齢や体質による注意事項があった。妊婦などにはとりわけそうした注意が指導された。しかし、コロナワクチンについてだけはそうした注意もない。

コロナに罹患し回復した国民（自然免疫獲得者）にも例外なくワクチン接種を強制するか接種を強く勧奨した。民主主義国家と思われていた諸国がこぞって左翼全体主義的政策をとった。

こうした政策を取ったのはファウチらに代表される医療官僚がワクチンは安全であると言い切ったからである。副作用への免責があることを考慮するだけでも、何らかの危険性があると考えるのが常識的判断だが、世界の指導者がファウチやＷＨＯの指導に倣った。

日本の、主要メディアやソーシャルメディアは隠し続けているが、世界各国でワクチンの強制接種を嫌う国民の激しい反対運動が起きていた。カナダは反対運動を戒厳令を発動してまで

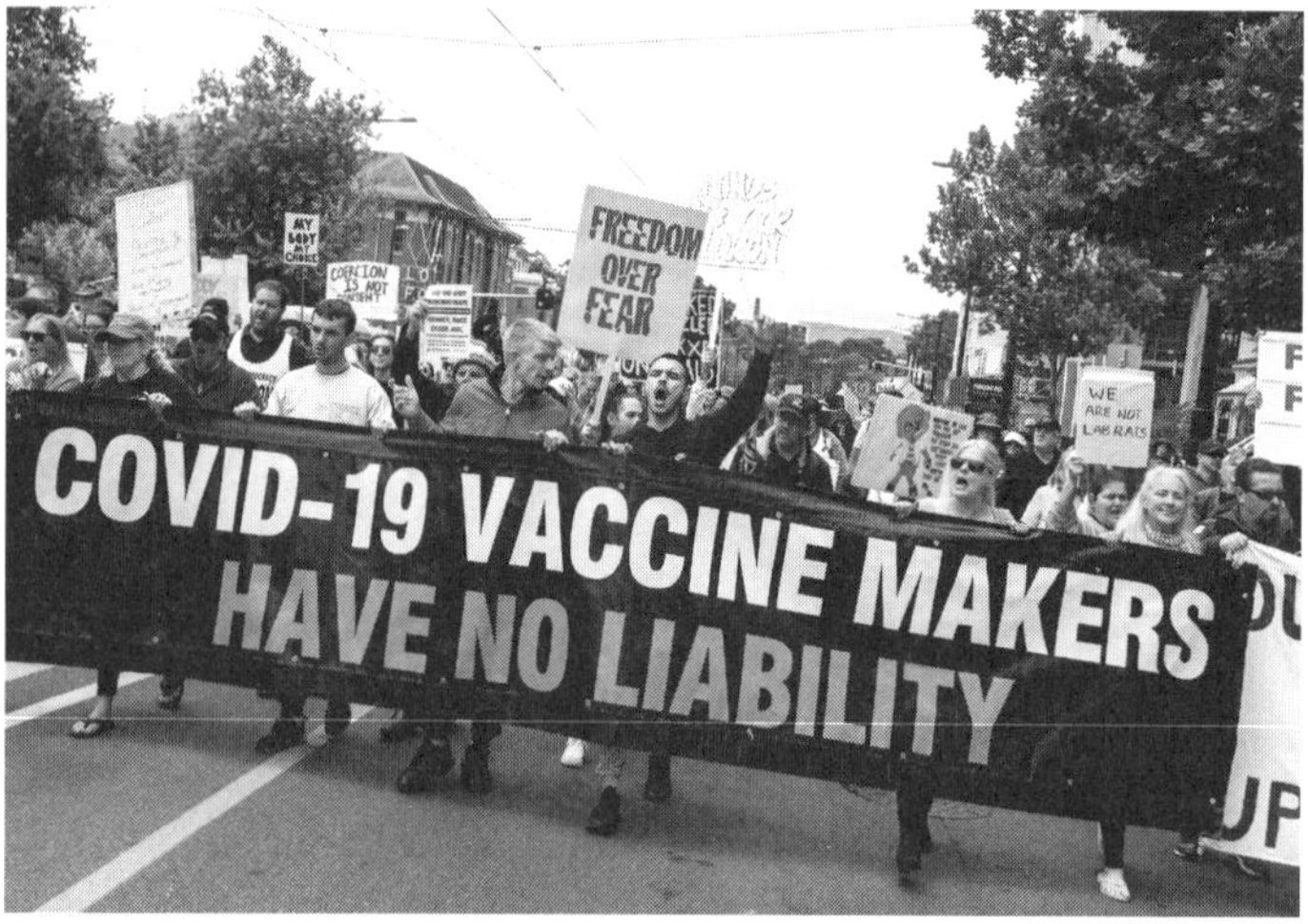

オーストラリアにおけるワクチン強制接種に抗議するデモ行進

して潰した。トルドー首相は反対派のリーダーとの直接交渉を拒否した。理由は彼自身がPCRテストで陽性となったからだった。トルドーはすでに複数回の接種を済ませていた。

オーストラリア、ニュージーランドでも警察力を使って、デモ参加者を逮捕・拘束した。公園でもマスクをしていなければ逮捕された。

筆者は安全性が確認されていない中で、世界各国がワクチン強制接種に舵を切ったことに疑念を持ち、注意を喚起してきた。

2020年秋には、ワクチンを接種しなくても従来から安全とされていたイベルメクチンやヒドロキシクロロキンとステロイド薬、ビタミンD、亜鉛などの混合処方により高い治療効果をあげている医療グループがあることを紹介した（「コロナ後を考えるのはまだ早い」日本戦略研究フォーラム季報２０２０年秋号）。[*20]

２０２２年春には産経新聞「正論」欄（３月10日）で、ワクチン接種者の方が感染率が高いという英国のデータを紹介し、コロナとの共存に舵を切った西欧諸国に倣って日本のコロナ対策を変更するべきだと主張した。[*21]

２０２２年夏には、福井義高青山学院大学教授と対談し、ファウチの悪行を月刊誌『ＷｉＬＬ』誌上で語り合った。[*22]

しかし、日本では警鐘への反応は鈍い。日本政府が安全であると推奨しているし、厚生労働省もいまだに安全との立場を崩していない。ワクチン担当大臣だった河野太郎氏は自身の公式サイトで次のような記事をいまだに掲載している（２０２２年11月４日閲覧）。

２０２１年６月24日付

そもそもなぜ、ワクチンに関する正しくない情報が飛び交うのでしょうか。ＥＵの対外行動庁（ＥＵの外務省にあたる）が４月に公表した報告書によれば、中国やロシアがファイザーやモデルナのｍＲＮＡワクチンの信頼性を傷つけるような情報発信をソーシャルメディアなどを使って複数の言語でおこなっています。またワクチンに関する偽情報やデマを監視している団体によると、ＴｗｉｔｔｅｒとＦａｃｅｂｏｏｋにあるワクチン関連のそうした誤っ

た情報の65％はわずか12の個人と団体が引き起こしていることが確認されています。〈後略〉

河野氏の主張に従えば筆者は「偽情報」を垂れ流す個人となる。しかし、ここまで読み進まれた読者は河野氏の主張に首を傾げるはずである。コロナをめぐる世界の潮流は大きく変わった。それにもかかわらずこのような主張を２０２２年冬になっても続ける河野氏の態度を筆者は理解できない。

英国は、ワクチン効果を正確に把握するために、接種者と非接種者別に区分した感染者数を追跡していた。得られた数字はワクチン接種を強く勧奨してきた英国政府にとっては都合の悪いものであった。そのためかそれを示す生のデータを示すだけの報告にとどめた。それは専門家が分析しなければ一般人にはとても理解できない代物だった。それを、ＴｈｅＥｘｐｏｓｅという団体が、誰もが理解できるグラフにまとめた。次頁のグラフがそれである。

使用されたデータは、英国健康保障局（ＵＫＨＳＡ：UK Health Security Agency）が発表した数字（２０２２年1月3日〜30日）を使って10万人あたりに換算したものである。

棒グラフは年齢別、接種回数別の感染者数を示している。各年齢層に3本の棒グラフがあり、左が未接種者、中央が2回接種者、右が3回接種者の10万人当たりの感染者数である。すべての年齢層で、未接種者の感染率が最も低い。3回接種が始まったころのデータであるた

コロナワクチン接種回数別感染者（10万人当たり）
英国健康保障局データ使用（2022年1月3日～1月30日）

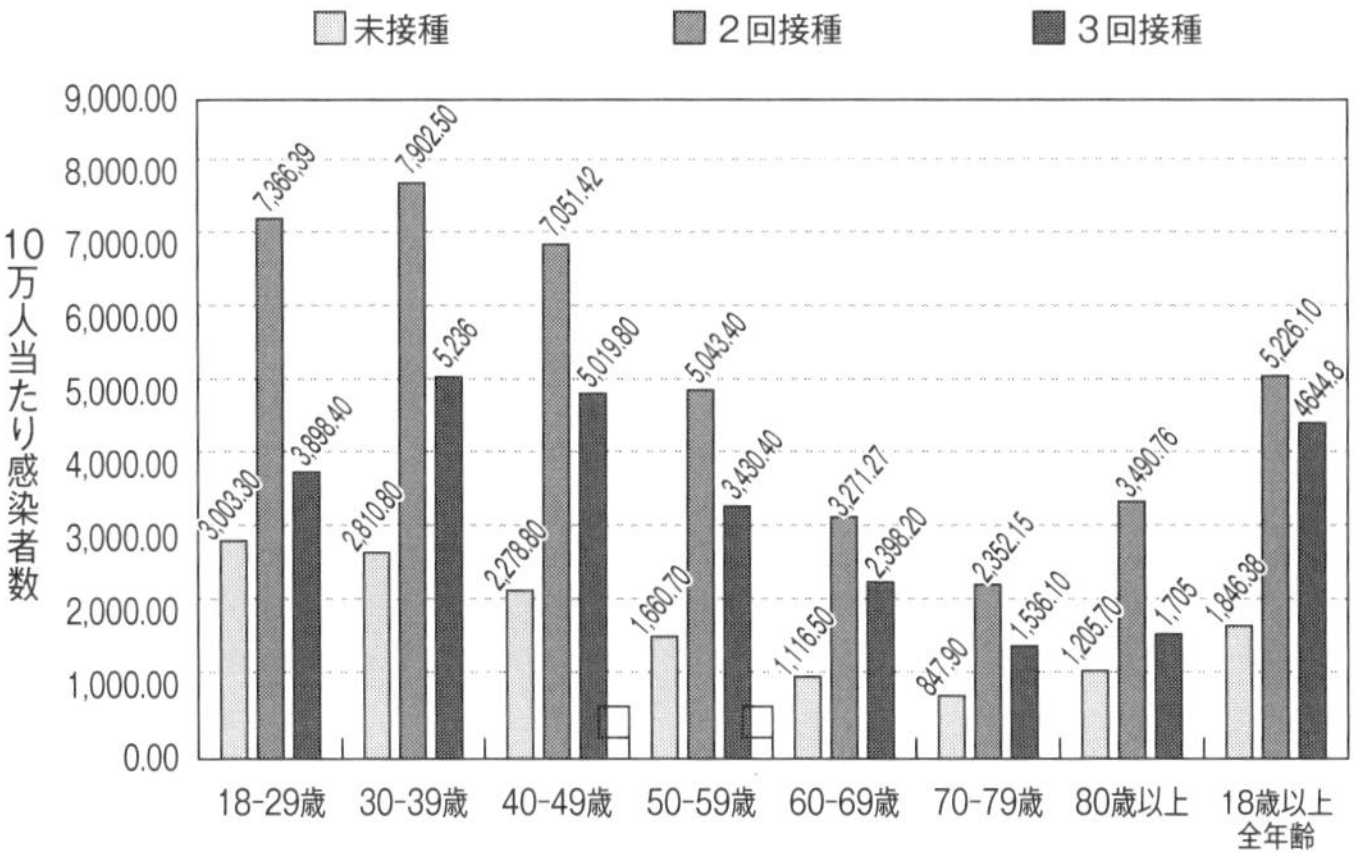

The Expose 作成

め、3回接種者は2回接種者に比べて感染率は若干低い。

このグラフで次のような合理的な解釈が可能になる。

未接種者の多くがすでに感染し自然抗体を獲得している可能性が高い。それが感染者数が少ない理由ではないか（自然抗体はワクチンより効果的）。

ワクチンは若干の効果があったとしてもその効果は短期間に過ぎない。むしろ自己免疫系に何らかの悪さをしている可能性もある。

接種者の方がより感染することを示すデータは英国政府には相当ショックだったようだ。2022年1月19日、当時の首相ボリス・ジョンソンはワクチンに関する規制全廃を発表した。（AFP、2022年1月20日付）*23

「自宅勤務推奨勧告は直ちに撤廃する。来週の半ばには、いかなる場所においてもマスク着用の必要はなく、ナイトクラブなどの入場にワクチンパスポートの提示も不要となる」

すでに3600万人以上がブースター接種を済ませたこと、60歳以上の90％が3回目接種を終えたこと、過去数週間にわたって感染者数は減っていることを規制全廃の理由にした。オミクロン株による感染はピークを過ぎたという専門家の言葉も添えた。

しかし、ジョンソンは上記に示した、接種者のほうが感染率が高いというデータについて語らなかった。ワクチンは安全で効果があるとの仮定でワクチン政策を進めてきただけに、真のデータをベースにした説明の勇気がなかったのである。

日本の厚生労働省はワクチンに感染抑制効果があるというデータを公表していた。しかしそのデータには悪質な操作が加えられていたことが判明した（2022年5月）。修正されたデータは英国と同じ傾向を示していた。ワクチン接種が感染予防に効果があるという主張は嘘であった。

イスラエルもワクチン接種を強権的に進めた国である。同国でも同じ傾向が出ていた。広範な副作用の報告を聞いていた政府官僚は、国民から訴訟が起こされることを嫌った。それをいかに回避するか健康省幹部が密かに協議していたことが報道された。（2022年10月13日）[*24]

イスラエルは4回目の接種者についてもワクチン効果がないことを早い段階でつかんでいた。

「(イスラエルにおける) ４回接種者もオミクロン株に感染している。そうでないコントロール群と比較すると若干少ない程度である。４回接種者であっても感染者は多い」(ニューヨークポスト、２０２２年１月18日[*25])

【第４章・脚注】

＊１：Missouri, Louisiana AGs File Suit Against President Biden, Top Admin Officials for Allegedly Colluding with Social Media Giants to Censor and Suppress Free Speech (mo.gov)

＊２：Missouri and Louisiana Attorneys General Sue the Biden Administration Over Free Speech ★ Brownstone Institute

＊３：New American, July 19, 2022

＊４：Court Orders Depositions of Top Biden Officials in Missouri AG's Case (mo.gov)

＊５、６：'All-knowing' Dr. Fauci's memory suddenly vanishes when he has to testify (nypost.com)

＊７：New York Supreme Court reinstates all employees fired for being unvaccinated, orders backpay | Fox News

＊８：The Defender, ２０２２年10月３日

＊９：Who Is Vijaya Gadde, Ex-Head Of Legal Policy At Twitter, Biography, Age, Family, Parents, Husband, Salary, Net Worth 2022, News - The SportsGrail

＊10、11：Report: Twitter and Facebook Had Regular Meetings with DHS on Censoring Americans (breitbart.com)
＊12：2001 Anthrax Attacks Revealed Need to Develop Countermeasures Against Biological Threats｜NIH Record 細菌兵器を自らの実験で作り出したいと思う心理にファウチやその周囲の研究者が陥ったことは間違いない。
＊13：Troy Record, Health Expert discusses bioterrorism dangers, December 7, 2002
＊14：THE REAL ANTHONY FAUCI - THE MOVIE（２０２２年11月22日閲覧）
＊15：What Is Gain-of-Function Research and Why Is It Controversial? (newsweek.com)
＊16：NED, the Legal Window of the CIA, by Thierry Meyssan (voltairenet.org)
＊17：Anthony Fauci keeps money flowing to Wuhan - American Thinker
＊18：Fauci defends 'modest' collaboration with Wuhan scientists, says NIH didn't fund 'gain of function' research｜Fox News
＊19：Report An Analysis of the Origins of COVID-19 (senate.gov)
＊20：日本戦略研究フォーラム（ＪＦＳＳ）
＊21：コロナとの「共存」に舵切る欧州、産経新聞正論、２０２２年３月10日
＊22：米国のコロナ政策を転換させた「本当のアンソニー・ファウチ」、月刊Ｗ・ｉＬＬ２０２２年10月号
＊23：Boris Johnson lifts COVID-19 restrictions, scraps face mask rules, vaccine pass (firstpost.com)
＊24：Epoch Times, October 13, 2022
＊25：Fourth COVID vaccine still doesn't stop Omicron: Israeli study (nypost.com)

第5章

戦う共和党への脱皮

2020年の大統領選挙に大がかりな不正があったことは拙著『アメリカの巨悪』（ビジネス社）に詳述した。仕掛けの原資は民主党を裏で操るジョージ・ソロスやマーク・ザッカーバーグらが拠出した巨額の工作資金だった。

しかし、そうした不正工作を座視した共和党の責任も免れない。共和党の動きが鈍かったのは、同党内に少なくない「名前だけの共和党員（RINO：Republican in Name Only）と呼ばれる隠れネオコン議員がいたからである。彼らは、民主党員であるかのような行動を取り続けていた。

民主党は、何度もトランプ大統領の弾劾を試みた。弾劾は米国下院が発議し、可決された場合は、上院がその決議の是非を判断する手順となる。上院は発議できない。

下院発議の1回目は、プロフットボール選手が、掲揚される星条旗に敬意を払わなかったことをトランプ大統領が批判したという理由だった。常識的には考えられない弾劾理由である。賛成58、反対233で否決された（2017年12月6日）。[*1]

2回目は、ホワイトハウス内の会議中に、他国を「便所のような国（shithole countries）」と呼び侮辱したという理由だった。要するに品のない言葉を使ったから弾劾すると発議したのである。賛成66、反対355で否決された（2018年1月19日）。

3回目は、ツイートの中で、民主党議員に対して「squad」という言葉を使って侮辱したというものであった。この言葉は「銃殺隊」を連想させるとして弾劾が発議された。トランプ大統領は、民主党内の極左議員批判にこの言葉を使っていた。賛成95、反対332で否決された。

民主党は大統領弾劾発議という下院に与えられた崇高な権限をたわいもない言葉狩りに使っていた。その後も発議は繰り返された。そんな中で下院で可決された発議が2度あった（詳細後述）。どちらも上院が否決した。

この過程で、弾劾に賛成する共和党議員が現れた。彼らこそが「RINO」だった。彼らこそが、民主党のやりたい放題の政治を野放しにしてきた「戦わない共和党」の元凶であった。

1 トランプ大統領弾劾に賛成した名前だけの共和党員

2019年12月10日（火曜日）、下院司法委員会委員長ジェリー・ナドラー（民主党）は、「来週にもトランプ大統領弾劾の手続きを始める」と声明した。弾劾理由は2つであった。1つは、ゼレンスキー大統領（ウクライナ）との電話会談において、ジョー・バイデン前副大統領の収賄疑惑捜査を強要したというものである。翌年の大統領選挙では民主党の有力候補となるバイデンはトランプ大統領の政敵である。その彼を大統領権限を濫用して潰そうとした（権力濫用）。２点目はその際にすでに議会が決定していたウクライナへの資金援助（３億９１００万ドル）を凍結するとゼレンスキーを脅した（議会妨害：obstructed Congress）、というものであった。

下院民主党はナドラー委員長の声明通りに弾劾手続きを進めた。[*2] 12月18日、下院は賛成多数で弾劾を採択した。弾劾決議案は上院に移った。上院で３分の２の賛成があれば弾劾は成立する。

民主党の嫌がらせのような弾劾の動きにトランプ大統領は呆れた。ホワイトハウス報道官は、「これがでたらめな弾劾であることを大統領は上院でしっかり説明する。上院もそのように判断すると期待している」と説明した。

大統領は、「ナドラーは、私が２０２０年の大統領選挙に干渉したと言っているが、でたらめにもほどがある。それが嘘だということは彼自身わかっている。ウクライナ大統領も外務大臣も圧力などなかったと言っている。このことをナドラーも民主党も知っている」[*3]とツイートした。

ホワイトハウスは、11月15日にトランプ・ゼレンスキー電話会談の内容を公開していた。弾劾になるような内容でないことは誰にでもわかった。それでも民主党は弾劾を進めた。

２０２０年２月５日が上院採決の日であった。結果は権力濫用については賛成52、反対48、議会妨害については53対47で弾劾に必要な賛成票67に届かなかった。67に届くためには民主党議員賛成票47に加えさらに20の共和党票の上積みが必要であった。当初から弾劾成立の見込みはなかった。それでも民主党が弾劾にこだわったのはこの年に予定される大統領選挙を見据えての選挙戦略だった。

トランプ大統領のイメージを悪化させればそれでよかった。民主党の応援団である主要メディアもそのことをわかっていた。否決の日の記事がそれを物語っている。

CNNは、とりわけ共和党の旧重鎮であるミット・ロムニーが弾劾賛成票を投じたことを喜んだ。ロムニーは、2012年の大統領選挙では共和党候補者であった。CNNは、苦渋の決断であったと涙を流すロムニーの言葉を伝えた。

「とても難しい決断だった。（権力を濫用して）選挙の公正さを破壊してはならない。宣誓した大統領が絶対にやってはならないことだ」（CNN、2022年2月5日）[*4]

これが最初に正体をあらわした「RINO」の言葉だった。

CNNはもう1人の重要人物の発言を報じていた。上院共和党院内総務ミッチ・マコーネルの言葉である。否決したことを彼は素直に喜ばなかった。トランプのゼレンスキーとの会話に問題があったと思うかの質問に、ストレートに「そうは思わない」と答えるべきであった。しかし彼はそうしなかった。ただ、「とにかく投票は終わったんだ。もう過去のことだ。前に進もう」と語っただけであった。[*5]

弾劾発議を繰り返す民主党を非難することもなかった。多くの共和党支持者が、マコーネルに疑いの目を向けたのはこの時であった。「彼もＲＩＮＯではないか」。こうして２人の「ＲＩＮＯ」上院議員があぶりだされた。

民主党は、２０２０年の大統領選挙に勝利した。それが不正選挙であったことはもはや常識となっている。多くの国民がこれまでの大統領選挙で最高の得票数７４００万票を獲得したトランプの敗北が信じられなかった（ドミニオン集計機が付け替えていた票を考えれば８０００万票を超えていた可能性もある）。

バイデンは選挙戦中はコロナを理由にほとんど遊説に出ていない。数少ない街頭演説に集まる聴衆は目視で容易に数えられる程度の数だった。演説がおわると力ない拍手が虚ろに響いた。

そんな候補者が、歴代最高得票数をとったトランプ候補を破ったのである。バイデンの獲得票は８０００万を超えた。投票率が１００％を超える選挙区もあった。当選したバイデンが、墓地に向かって感謝する風刺画もあらわれた。１９００年1月1日生まれの１００歳越え有権者票が多数あったことを皮肉ったのである。明らかに死者からの票であった。

『アメリカの巨悪』に書いたように、開票直後から多くの不正投票の実態が明らかになってい

Thanks For Voting!
STARECAT.COM
投票してくれた死者に感謝するバイデン：風刺コラージュ

た。

２０２１年１月６日、数万のトランプ支持者が、ワシントン議会による選挙結果承認の最終手続きを進めないよう求めて議会周辺に集まっていた。議事堂から少し離れた場所で行われた抗議集会ではトランプ大統領が、選挙不正を強く批判するスピーチを行っていた。筆者はそのスピーチをリアルタイムで聞いていた。

大統領は、あくまで法に則った手続きで選挙結果を見直すよう求めていた。しかし一部聴衆が「暴徒化」して、議事堂内に乱入する事件が起きた（１月６日事件）。その後の議会の調査や関係者の証言により、ＦＢＩ工作員が「暴徒化」を故意に煽っていたらしいことが明らかになっている。

あらたな事件を起こすことで弾劾を試みたのである。暴徒の中に、多くのＦＢＩエージェントや請負工作員がいたことは当時の写真解析で明らかになっているが、ＦＢＩはこうした人物が現場で何をしていたかいっさい明かしていない。議会で繰り返し証言を求められた幹部は頑なに口を噤んでいる。

議会の安全管理の最高責任者はナンシー・ペロシ下院議長である。この日、万一に備えて警戒を厳重にすることが進言されていた。彼女は、議会周辺の警戒を高めるどころか、暴徒を誘いこむような動きがあったと疑われている。彼女は、この日の電話やメールの公開を拒否している。この問題については下院共和党により調査が続行される。今後の展開についても機会を改めて紹介したい。

いずれにせよ民主党は「暴徒化」を待ちかねたように、「トランプ大統領は、民衆を扇動して内乱を起こした」と訴えた。そして懲りもせず再び弾劾を進めた。退陣間近の大統領を弾劾しようとする暴挙だった。

民主党の動きは素早かった。２０２１年１月13日には下院は弾劾決議案を採択した。賛成２３２、反対１９７であった。すべての民主党下院議員が賛成したのは言うまでもないが、10人の共和党議員も賛成票を投じた。あらたな「ＲＩＮＯ」が顔を出した。この10人については後述する。

民主党の狙いは何としても弾劾を可決して、トランプ大統領から、2024年の大統領選挙戦に立候補する権利を奪うことにあった。2月13日、上院での採決があった。賛成57、反対43で再び弾劾案は否決された。この数字からわかるように共和党上院議員の中に弾劾に賛成票を投じたものが7人いた。

ミット・ロムニーのほかに新たに6人の「RINO」がここでも顔を出したのである。

②　顔を晒した「RINO」たちの没落

次頁に姿をあらわしたRINOのリストを示した。

上院議員は任期6年であるため、RINOのなかで2022年中間選挙での改選を迎えるのはアラスカ州のリーサ・マーカウスキー議員だけである。彼女は、同じ共和党の候補者（ケリー・チバカ）と接戦のままま本書脱稿時（11月末）にも同州上院議員は決まっていない。トランプ氏はチバカを推す一方で、マコーネル院内総務がマーカウスキーを推したための混乱である。RINOがRINOを助けたのである。

下院議員の改選は2年毎である。今回の選挙では10人のRINO議員中8人が消えた。RINO没落の象徴がリズ・チェイニーであった。彼女の父は、ネオコンの巨頭であり子ブッシュ

2022年中間選挙結果

下院		
アダム・キンジンガー	イリノイ州	非出馬
リズ・チェイニー	ワイオミング州	予備選敗退
ジョン・カーコ	ニューヨーク州	非出馬
フレッド・アプトン	ミシガン州	非出馬
ジャイム・ボートラー	ワシントン州	予備選敗退
ダン・ニューハウス	ワシントン州	再選
ピーター・メイジャー	ミシガン州	予備選敗退
アンソニー・ゴンザレス	オハイオ州	非再選
トム・ライス	サウスカロライナ州	予備選敗退
デイヴィッド・ヴァラダオ	カリフォルニア州	再選
上院		
ミット・ロムニー	ユタ州	
リチャード・バー	ノースカロライナ州	
ビル・キャシディ	ルイジアナ州	
スーザン・コリンズ	メイン州	
リーサ・マーカウスキー	アラスカ州	再選(非公式)
ベン・サース	ネブラスカ州	
パット・ツーミー	ペンシルバニア州	

政権では副大統領であったディック・チェイニーである。影の大統領ともいわれる実力者だった。

ブッシュ政権の自作自演ではなかったかとの疑いが燻る911事件では、当時フロリダにいたブッシュ大統領に代わってホワイトハウス地下の指揮所で総司令官役を果たした。うがった見方をすれば、ブッシュが留守の間に「事件」を起こしたのではないかとも言える。

ディックは、2012年の大統領選ではミット・ロムニーのための選挙資金パーティをワイオミングの自邸で開き400万ドルを集めている。この事実から、ネオコンを嫌うトランプ大統領に、ロムニーが反発した理由がよく理解できよう。

余談になるが筆者にはチェイニーにまつわる思い出がある。２００５〜６年頃、筆者はワイオミング州ウィルソンにいた。会議終了後あるゴルフ場でプレイをし、18番ホールにやってきた。パー4左ドッグレッグ、右にはフェアウエーが左に曲がるところまで水堀（ウォーターハザード）があった。

ティーグラウンドに立とうとすると、周辺に場違いな黒服の男たちが立っていた。その１人に話しかけると、水堀の向こうにある邸がディック・チェイニーのものであると教えられた。ワイオミングに入る際、筆者の乗った飛行機が着陸態勢に入ったが、突然再びの上昇を始めた。機長が、チェイニー副大統領専用機を優先着陸させるためだとアナウンスしていたのを思い出した。私がティーグラウンドに立った時には彼は邸にいたのだろう。その日のプレイのことはスコアも含めてほとんど覚えていないが、18番ホールの出来事だけは記憶に残っている。

リズ・チェイニーは、トランプ大統領が当選した２０１６年選挙で下院議員に初当選した。政府公式サイト（Cheney.house.gov）ではその当選を次のように書いている。彼女が、心臓疾患で引退した父に代わるネオコンの代表であることがよくわかる。

「彼女の初当選は２０１６年である。世界における米国のパワーと力を回復するという主張での当選である」（傍点筆者）[*6]

リズ・チェイニー下院議員

傍線部は、ネオコン思想のことを指している。彼女は、国際法務事務所（White & Case LLP）に勤務後、国務省高官となり中東外交に関与した。父の引きや軍産複合体のバックアップがあったのか、新人議員でありながら2019年には共和党下院議員団議長に選出された。下院共和党序列第3位の役職である。*7

保守層の強い西部開拓州ワイオミングの共和党支持者は、彼女の反トランプの態度を見て警戒感を強めていた。彼女が、2022年1月13日の下院弾劾決議案に賛成票を投じると、同州共和党支持者は完全に彼女を見放した。共和党下院議員団も動いた。議員団議長職を解任したのである（2021年5月12日）。

2022年8月16日、リズ・チェイニーは共和党下院議員候補戦（予備選挙）で、トランプ氏の支持するハリエット・ヘイグマン候補に大敗した。ヘイグマン候補は66％の支持を集めた一方で、現職のチェイニーはわずか29％を集めただけであった。彼女は共和党候補にもなれなかった。

民主党応援団のような左翼雑誌『The Atlantic』は、「これは第1ラウンドに過ぎない。（中略）共和党創設の先人アブラハム・リンカーンも、下院議員選挙にも上院議員選挙にも敗れたが大統領になったではないか」[*8]と訴える彼女の言葉を伝えた。

2024年大統領選挙戦出馬をにおわせる発言に共和党支持者は鼻白んだ。バイデン大統領は敗者となったチェイニーに電話したらしい。

「ブルームバーグは、消息筋によれば敗北したチェイニーにバイデン大統領が電話したようだ、と報じた。この報道にホワイトハウスもチェイニー陣営もコメントしていない。（中略）彼女は今後をどう考えているのか。2024年の大統領選挙を戦おうとするのか。バイデン大統領からの電話は彼女の将来を占うヒントになるかもしれない」（19 FortyFive）[*9]

リズ・チェイニーの敗北は「RINO」たちの行く末の象徴だった。共和党支持者は、同党が真の保守政党に脱皮するにはまず「RINO」を「退治」しなくてはならないと気づいたのである。

3　1月6日事件調査委員会のでたらめ

先に書いたように1月6日事件を理由にしたトランプ大統領弾劾議案は否決された。民主党はそれでも諦めなかった。下院議長ナンシー・ペロシのトランプ嫌いは異常である。彼女は、上下両院合同「1月6日事件」調査委員会の設置に動いた。上院では共和党の反対で設置見込みがないことがわかると、下院だけで独自調査委員会を設置すると決めた。

2021年6月30日、下院はペロシの委員会設置案を採択した。民主党下院院内総務ステニー・ホイヤーは、「あの事件は民主主義を破壊する暴力行為であった」として委員会設置を正当化した、共和党は、「調査委員会設置は民主党の党派性を丸出しにした政争で、彼らには真実を探る意志はなく、（ペロシ議長の）議事堂安全対策の失敗を隠蔽しようとするものだ」と批判した。

共和党の批判が正しかったことはすぐに明らかになった。設置が決まった委員会の委員候補に共和党は5人の下院議員の推薦を決めた。しかしペロシはリストのうちの2人の議員（ジム・ジョーダン議員、ジム・バンクス議員）を拒否したのである。2人は、1月6日のFBIの不可解な動きや議事堂安全警備の責任者であるペロシ議長の当日の動きを問題視していた。彼女は、この2人をどうしても委員会から排除したかった。ワシントン議会が作り上げてきた議会運営の伝統と倫理観を踏みにじる行為だった。

結局共和党からメンバーとなったのはリズ・チェイニーと、弾劾賛成票を投じた「RINO」であるアダム・キンジンガー議員の2人だけだった。チェイニーは副委員長に推された。ペロシ議長の「差配」である。いうまでもないがキンジンガー議員も中間選挙に出馬せず引退

２人の「RINO」委員

することが決まっていた。こうして７人の民主党議員と２人の「ＲＩＮＯ」共和党議員で構成される「とんでも」調査委員会が発足した。[*10]

中間選挙をまぢかに控えた２０２２年11月４日、調査委員会は、トランプ大統領の証人喚問出席を求める声明を発表した。[*11]トランプ大統領は、政治ショーと化した調査委員会での証言を拒否している。本来であれば議会侮辱罪にあたるが国民はなからこの委員会に関心がない。

「一般国民は１月６日委員会などどうでもよいと考えている。そんなことよりも国民の（インフレや犯罪激増などの）憂いをバイデン政権が無視していることを問題視しているのだ」（カンザスシチースター紙、２０２２年11月６日）[*12]

民主党は中間選挙前にトランプ前大統領に不利になる最終報告を出したかったが失敗した。

中間選挙で下院少数派に転落した民主党はこのままの調査委員会を続行できまい。来年初めには共和党が多数派となる下院は、現行の委員会を解散し、新調査委員会を立ち上げる可能性もある。調査の対象は、ペロシ議長やＦＢＩ幹部になろう。現実に「扇動」を指導した工作員も証言台に立つかもしれない。共和党へのＦＢＩ職員の内部告発は相次いでいる。

４ スター誕生「新アリゾナ州知事」カリー・レイク

アリゾナ州知事候補カリー・レイクは、次々と若手スター政治家を輩出する共和党を象徴する。米国では共和党を「赤」、民主党を「青」で表現する。一般的な共産主義を意味する「赤」ではない。新人知事候補であるにもかかわらず彼女は、２０２４年大統領選挙ではトランプ前大統領のランニングメイト（副大統領候補）となりえるとまで評価を上げた。アリゾナ州民のために力を尽くすと約束しているだけに、筆者はその可能性は少ないと思っているが、将来の「戦う共和党」を代表する政治家になることは間違いない。

アリゾナ州は元来共和党優勢の州であったが２０１８年以降民主党に傾いていた。２０２０年の大統領選挙では、バイデンが同州を勝利した。筆者はこの勝利は不正選挙によるものと考えている。アリゾナ州知事ダグ・デューシー（共和党）は「ＲＩＮＯ」であった。だからこそ、

２０２０年大統領選挙戦では同州の不正選挙がまかり通った。

選挙管理の責任者である州務長官ケイティー・ホッブス（民主党）との二人三脚で不正が容易な選挙制度、選挙管理事務作業を進めていたのである。（米国の州選挙では知事と州務長官は選挙で選ばれるために州務長官と知事の所属政党が異なることはよくある）

２０２２年知事選挙にデューシー知事は出馬しなかった。できなかったと書くほうが正確である。「ＲＩＮＯ」であることが露見していただけに共和党支持者からの支持が得られない。恥をかかないための不出馬だと考えられる。ましてや、トランプ前大統領からの推薦がもらえるはずもなかった。

デューシー知事は２０２０年大統領選挙における数々の不正の証拠が明らかになっている中で、選挙結果を承認した。トランプ大統領（当時）は、不正行為が明らかになっている以上、暫く最終承認を待つようにと要請したが、デューシーは承認を強行した。

事態を重く見たアリゾナ州議会はフェアな選挙システムを担保する改正案を議決した。デューシー知事はそれさえも拒否権を使って潰した。かれの政治生命は、同州での不正選挙結果を座視し、選挙法改正にも動かなかった２０２１年５月末に絶たれた。彼にはワシントン上院議員選出馬の野心があったが、あまりの評判の悪さを知って出馬を断念した（２０２１年６月）。

彼の出馬断念の報を受けてトランプ前大統領は次のように述べた（２０２１年６月23日）。

「いい知らせだ。彼が出馬断念しようがしまいが結果は同じだった。彼は共和党候補になれはしない。アリゾナの選挙不正を改善しようともしなかった男である。そんな男を私が推薦するはずもない。（中略）アリゾナ州議会上院の共和党議員には感謝したい。彼らのおかげで、選挙結果の分析（不正行為調査）が進んでいる。結果が出るのが楽しみだ」

現職知事の出馬断念を受けて共和党候補選びが始まった。カリー・レイクはその共和党予備選を勝ち抜いた。

1969年生まれの彼女はアイオワで育った。一男八女の大家族の末娘だった。アイオワ大学で学び、ジャーナリズムの世界に入った。その後フェニックスのTV会社Fox10に22年間務めた。彼女は同局のニュース番組の看板アンカーだった。彼女が同局を離れることが報じられたのは2021年3月のことである。

「メディアはバランス感のある報道に心がけるべきだ。この数年間、私はこの世界で働くことにプライドを持てなくなった。こんな風に思っているジャーナリストは私だけではない」、「自分の読むニュース原稿を真実だとは思えなくなり、ことの一部を（都合よく）抜き出していると思える。そんな怪しいニュースを流し、視聴者の恐怖感を煽ったり、彼らの心を分断していることに恐ろしくなった」（azcentral、2021年3月2日付）[*13]

レイクは、2020年に、YouTubeが、コロナワクチンの危険性を伝える動画を削除したことに憤りのツイートをしていた。1月6日事件を報じるメディアの偏向にも疑問を持っていた。

彼女が共和党予備選に出馬を声明したのは2021年6月2日のことである。彼女は当初からトランプ支持を表明していた。当時のアリゾナの空気では、トランプ支持の表明は危険なことだと思われていた。メディアは相変わらずトランプバッシングを続けており、トランプ支持者を「極右」だとレッテル貼りしていた。ワクチンの効果にも懐疑的だった彼女を「Antivaxer（反ワクチン）」だと馬鹿にする者も多かった。彼女が共和党候補になると思う者は少なかった。

2022年8月4日、レイクは予備選に勝利した。言うまでもなくトランプ氏は彼女を推薦していた。

「レイクの勝利はアリゾナ共和党主流派には打撃となった。彼らは弁護士で実業家のカリン・ロブソンを推し、トランプ時代の混乱を収拾したいと考えていた。『私（レイク）が知事であったら2020年の大統領選挙結果を承認していなかった。（中略）私の予備選での勝利は、少なくともお金を使って結果を操作するようなことはアリゾナではもはやできないことの証明です。州民は声を上げ始めたのです』」（ニューヨークポスト紙、2022年8月4日）[*14]

民主党の対抗馬は州務長官のケイティー・ホッブスとなった。彼女は、愚かにも2020年選挙を「勝利」したバイデンの戦術をとった。バイデンは、コロナ感染防止のためと称して、自邸に籠って選挙を戦った。ホッブスは、徹底的に討論を避け、コアな民主党支持者だけに訴えた。彼女に代わって民主党応援団のメディアがレイクを貶めてくれた。

レイクは、州の伝統だった候補者討論会に現れないホッブスを臆病者と詰った。実際、州民はバイデン政権が惹起した超インフレ、不法移民の激増とそれに伴う危険な薬物フェンタニルの流入、犯罪の激増などに危機感を持っていた。そうでありながらホッブスは、州民の関心の薄い中絶やLGBTQの問題を選挙の争点とした。

レイクのスピーチ会場に集まったメディアは多かった。すべてのレポーターに質問の機会を与え、見事なロジックで切り返した。裏を取らない憶測記事や歪曲記事を書くジャーナリストたちを前にして、彼女は、「あなたがたはジャーナリズム魂を忘れた、民主党の宣伝工作員(propagandist)である。真のジャーナリストに戻りなさい」と厳しい調子で諭した。さながら未熟な生徒を叱る怖い先生であった。

「ホッブスに有利な記事ばかり書いて恥ずかしくないのか」

「真実を伝えたいというジャーナリスト魂があれば、偏向記事を書かせるエディター(編集長)と戦う勇気を持ちなさい」

選挙も押し詰まった10月末には、マスクのツイッター買収も成立し、YouTubeも危機感を感じ始めたようだ。レイクのお説教シーンを伝える動画が削除されることもなくなった。

10月27日、古巣のTV局Fox10が最新の世論調査結果を発表した。レイク支持54%、ホッブス支持43%。レイクの圧倒的リードだった。[*15]

トランプ支持を当初から表明し、メディアとの対決を恐れないレイクの登場は、これからの共和党の政治を象徴する。トランプイズム（アメリカファースト）が共和党の主流の政策となるに違いない。

「トランプイズムは世界の調和を乱すナショナリズムである」と主要メディアも民主党も主張してきた。しかし、トランプは一度も戦争を起こさなかった。戦争屋（warmongers）が蔓延る政党つまりネオコンが支配する政党が民主党であること、そして彼らが主張するグローバリズムこそが戦争を惹起する危険な思想であることに米国民はようやく気付いたのである。

カリー・レイクはデ・サンテス（フロリダ州知事）と並んで共和党の看板政治家になった。フレッシュな政治家のいない、つまり2024年大統領候補戦にまともな「玉」を持たない民主党とは好対照である。

アリゾナ州では開票が始まると複数の投票所で突然に投票機器60台が故障した。これは同州の機器の4分の1に当たる。そのため有権者は投票所で長蛇の列を強いられた。なかには3時間待ちもあった。投票を諦めたものもいた。

当日投票者はほとんどが共和党支持者である。故障は仕組まれたものではなかったか。州司法長官の元には大量の不正行為を目撃したとの訴えが相次いだ。州司法省は、機械故障の原因説明、その対処法などを含めた詳細な報告を選管に求めている。それが終わるまで州司法長官は選挙結果を承認しない方針である。原稿執筆時点（2022年11月末）での得票数は以下である。

ケイティー・ホッブス　128万7890票
カリー・レイク　127万0774票

世論調査で10ポイント以上レイクがリードしていたことを考えれば常識的にはあり得ない数字だった。本書執筆時点では、アリゾナ知事選の当選者は確定していない。

5 共和党支持にシフトしたラテン層・黒人層そしてアジア系

民主党の選挙戦術は、従来から少数派囲い込み政策だった。「弱者のための政党」が彼らが作り上げた虚構のイメージだった。次頁に米国の人種別構成を示した（Visual Capitalist調べ）。

人口のおよそ60％強を占める白人種は伝統的に共和党支持が多かった。その6割程度は常に共和党に投票していた。この劣勢の挽回に民主党が目を付けたのが少数民族の祟であった。以下が、過去の大統領選挙における人種別投票内訳の推移である。

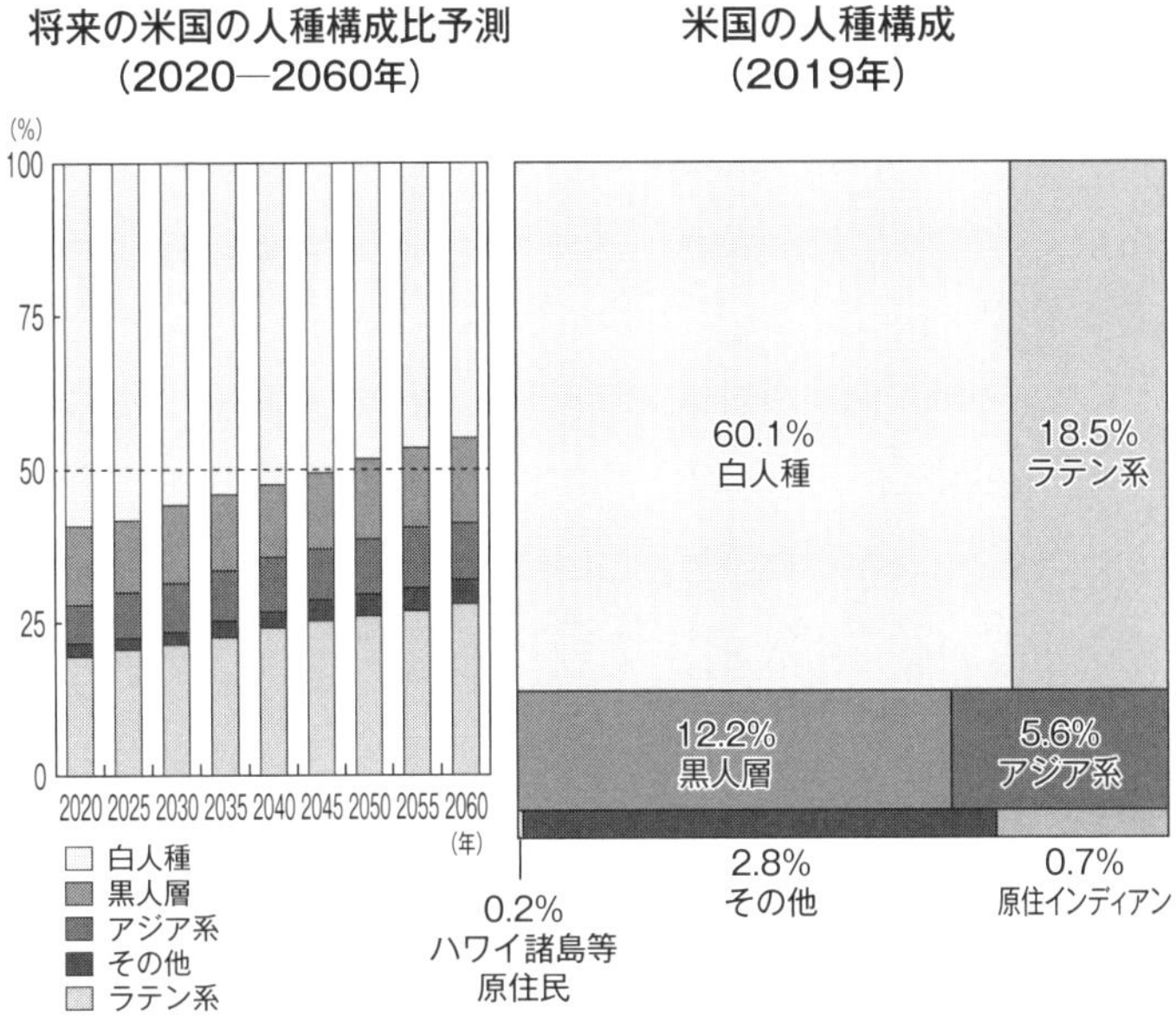

出典:Kaiser Family Foundation, U.S. Census Bureau

過去の大統領選挙における人種別投票内訳の推移

	2012年*16		2016年*17		2020年*18	
	民主	共和	民主	共和	民主	共和
白人種	39%	59%	37%	58%	41%	58%
ラテン系	71%	27%	65%	29%	65%	32%
黒人層	93%	6%	88%	8%	87%	12%
アジア系	73%	26%	65%	29%	61%	34%

左のグラフは次第に白人種比率が減少し、ラテン系、アジア系が増加することを示している。

２０２０年選挙についてはあまりの不正票の多さで生データそのものの精度が怪しいが、民主党が白人種における劣勢をラテン系、黒人層、アジア系などの少数民族の票で補っている傾向は変わっていない。もう一点重要な傾向は、そうした少数民族であっても年を追って共和党支持が増えていることである。

統計的解析で、黒人層の10％が共和党支持となると民主党は大統領選挙に勝てないと言われてきた。２０２０年選挙では、その分水嶺を超え12％がトランプ候補に投票していた。実際はこの数字はもっと高かったと思われる。

２０２０年選挙の際、黒人パーソナリティによるラジオインタビューでバイデン候補は次のように言い放った（２０２０年5月22日）。

「ぼくに票を入れない黒人は黒人ではない（If you don't vote for me, then you ain't Black）」

黒人層の民主党支持率は相変わらず高いものの民主党離れが進んでいることにバイデンは焦っていた。その本音が出てしまった傲慢な物言いだった。筆者は、彼の実際の言葉を聞いているが、その語調そのものもいささか品を欠いたものだった。黒人有権者もそれに気づいていた。

黒人上院議員ティム・スコット（サウスカロライナ州共和党）は、バイデンの言葉を厳しく批判した。

「2016年選挙ではすでに130万の黒人がトランプに投票した。バイデンによれば、この130万は黒人ではないということになる。民主党は、黒人票を当たり前のものだと思い込んでいる」[*19]

保守派の黒人女性活動家キャンディス・オーウェンズも、「黒人の仲間に言っておきたい。バイデンは、要するに『白人の大金持ちの民主党候補に投票しなければあなたたちは黒人ではないよ』と、いっているのよ」[*20]と語り、黒人有権者に覚醒を促した。

保守系政治活動家キャンディス・オーウェンズ

民主党の出自は南部民主党にあった。南北戦争に敗れた後も州法を盾に黒人差別を続けていた南部白人が主流の人種差別政党だった。第二次世界大戦後、見事なカメレオン的変身で、「弱者（少数民族）のための政党」のイメージ作りに成功したが、「黒人種の票を狙うだけの政党」である本性を時に現すのである。

ラテン層も黒人層ほどでもないが、弱者救済政党の民主党の票田となっていた。しかしほとんどのラテン層はキューバ、南米からの移民でありカソリック教徒である。民主党が進めてきた批判的人種理論（ＣＲＴ）、中絶の権利主張、ＬＧＢＴＱ運動などは本来ラテン層の思想とは相容れないものだった。民主党はキリスト教会組織を嫌う。

そうした中で、民主党は国境を開放した。トランプ大統領が進めていた不法移民を防ぐ国境の壁の建設を中止した。国境警備にも熱心でなく、不法移民対策担当の最高責任者カマラ・ハリス副大統領は現場をまともに視察しない。

不法移民はほとんどが中南米諸国からやってくる。彼らは、米国内に入れば低賃金労働者のプールとなる。合法的に移民してきたラテン層と労働市場で競合する。バイデン政権発足以来不法移民の数は５００万と言われている。筆者は真の数字は、１０００万に近づいているのではないかと疑っている。いずれにせよ、民主党は将来時点において市民権が与えられる可能性のある彼らの票を取り込むことを目論んでいる。

２０２２年4月、ＦＯＸ Ｎｅｗｓは、「ラテン層の価値観は共和党の政策に一致」と報じた。[*21] パネルディスカッションに参加した1人は、不法移民が単に豊かな生活を求める経済難民ではないことを知っていた。

「難民の中には多くの子供たちが含まれているが、彼らを送り出したのは親たちではない。薬物マフィア（Drug Cartel）の連中に誘拐された子供たちだ[*22]」

米国で今大きな問題になっているのは違法薬物フェンタニルの大量流入である。フェンタニルは、コカインとは違い完全な工業製品であり大量生産が可能である。生産国は中国である。米国薬剤メーカーはその製造拠点の多くを中国に移した。その過程で中国は薬剤製造ノウハウを盗んだ。中国マフィアにとってフェンタニルの製造は容易なことである。

フェンタニルは一般郵便を利用して北米マーケットに届けられた。規制が厳しくなると、中南米の薬物マフィアルートが開発された。メキシコなどのマフィア組織にいったん輸出し、そこから運び屋に国境を越えさせる。そのルートの拡大（売人の増加含む）にマフィアは、不法移民を使っているのである。

2018年末、トランプ大統領は習近平と会談した。G20ブエノスアイレスサミットを利用した二国間直接交渉である。中国からの輸入関税の多くを25％に引き上げる交渉だった。フェアな貿易を求めるトランプ大統領の要求に習近平は善処を約束したことから90日間は関税見直しはしないことが約された。その中の条件の1つに「中国は違法薬物フェンタニルの製造や輸出行為を取り締まる」があった。

習近平はこの約束を守らなかった。不法薬物規制に甘いバイデン政権の登場をあらかじめ知っていたかのような態度だった。

フェンタニルがどれほどの惨禍をもたらしているかはすでに書いた。歌手プリンスも過剰摂取で死んだ（2016年）。BLMによる暴動のきっかけを作ったジョージ・フロイドの死もフェンタニルの可能性が高いことが死体検案書に書かれていた。フェンタニル常用者の心臓は突然に止まることはよく知られている。

バイデン政権の国境開放策が少数派民族票を減らしたのは疑いのないことであった。

6 女性の「不幸せ感」を利用する民主党

ある知り合いの日本人女性は米人白人男性と結婚し、米中西部に住んでいる。2016年大統領選挙では熱狂的にヒラリー・クリントンを応援した。筆者は、彼女にその理由を聞いた。「女性だから」という答えであった。

民主党の干渉主義、ヒラリーが主導したイラク・リビアの「民主化」による残酷な混乱、個人サーバーを使ったメールによる国家機密漏洩。その日本人女性はそうしたことには興味はなかった。中東やバルカン半島を不安定化し、アメリカ一極覇権を目指す戦争ばかり起こしてきたネオコンがヒラリーだった。

そんな事実を知る女性は少なく、「女だから応援する」という女性有権者は多かった。米国の大学では保守系教授はほぼ一掃された。フランクフルト学派に侵された左翼教授の教える社会科学系学部では、アメリカの歴史は女性蔑視の歴史であると教える。とりわけ都市部にすむ高等教育を受けた女性層にとって民主党を推すことが当たり前となった。確かに米国の女性参政権の付与は遅かった（1920年）。

白人全体ではおよそ6割が共和党支持であるが、都市部にすむ白人女性セグメントだけは民主党を頑なに支持してきた。だからこそニューヨーク、ボストン、シカゴ、サンフランシスコなどでは民主党議員の輩出が続いたのである。

「2018年中間選挙で民主党が過半数を制することができたのは彼女たちの力があった」（ヤフーニュース、2022年11月3日）

2022年6月24日、米連邦最高裁は、「連邦政府」が中絶の権利を認めると定めた最高裁判決（ロー対ウェイド事件、1973年）を覆した。中絶そのものを禁止したのではなく、その行為にかかわる規制は「各州の権限」であるとしただけであったが、民主党は中絶の権利を最高裁が奪ったと事実を捻じ曲げた。

民主党はこれを中間選挙の争点にする腹積もりだった。しかし、バイデンインフレのすさまじさで、その目論みは外れた。前記世論調査では、1500人の都市部白人女性（登録有権者）がサンプルだったがその74％が経済は悪い方向に進んでいると回答した。54％はすでに不況の真っただ中にあると判断していた。中間選挙の争点はインフレ問題（経済問題）であると答えたものは34％にも上った。[*23]

バイデン政権は、外交（ウクライナ戦争）でも内政（経済問題、不法移民問題、犯罪増加問題、薬物問題、エネルギー政策、ＣＲＴ教育等）でも、すべてが失敗の連続であった。選挙を控えて民主党は何とか、同党に有利になる争点が欲しかった。最高裁の判断を民主党は政争に利用したかったのである。しかし、その思惑は激しいインフレの前に吹き飛んだ。各地で活動家を動員したが大きなうねりにならなかった。それにはもう１つ大きな理由があった。

かつて、中絶容認派のスローガンは、「My Body, My Choice（私の体のことは私が決める）」だった。このインパクトあるスローガンを彼女らはもはや使えなくなっていた。中絶肯定派は言うまでもなく、民主党を支持していた。しかしその民主党はワクチン強制策をとり、ワクチン接種を嫌うものたちの「My Body, My Choice」の訴えを無視した。

中絶肯定派のかつての訴えがブーメランとして返ってきた。プラカードにはもはや「My Body, My Choice」は使えなかった。中絶問題を選挙の争点にしたい民主党の思惑はみずからのワクチン強制策の強行で潰えたのである。

中絶の自由を訴える女性の多くが未婚かシングルペアレントである。１９５０年の離婚家庭はわずか20％だった。しかし２０１０年には離婚家庭が過半を超えた。シングルペアレント家庭はどうしても経済的に困窮しやすくなる。実際、生活支援金受給家庭の４分の３はそうした家庭である（2010年調べ）。[*24]

民主党が推進するCRT（批判的人種理論）は、そうした不幸せはすべて社会制度に欠陥があるからと教える。民主党は、未婚の女性、離婚して1人になった女性が持つ「不幸せ感」を刺激する。その結果、結婚していない女性は圧倒的に民主党支持となる。先の選挙ではそうした女性の68％が民主党に票を投じた（出口調査）。[*25]

人間の恨みや妬みを刺激するのが左翼政党である。「不幸せな女性」も弱者である。彼女たちも民主党のターゲットになった。民主党の「善戦」の影に未婚女性の社会への恨みつらみがあった。

【第5章・脚注】

＊1：トランプ大統領弾劾の歴史については以下のサイトに依った。
The Many Impeachments of President Trump - Republican Whip

＊2：手続きの進行経緯については以下サイトに依った
Chronology & Core Documents - Trump First Impeachment 2019 - Subject Research, Course Guides, Documentation at Union College

＊3：US Sun, December 10, 2019

＊4、5：Acquitted: Senate finds Trump not guilty of two articles of impeachment｜CNN Politics
＊6、7：Biography｜Congresswoman Liz Cheney (house.gov)
＊8：The Atlantic, August 18, 2022
＊9：Liz Cheney: Running for President in 2024 as a Democrat? - 19FortyFive
＊10：Here's who's on the House committee to investigate the January 6 insurrection (cnn.com)
＊11：Select Committee to Investigate the January 6th Attack on the United States Capitol｜(house.gov)
＊12：Normal workers are ignored, don't care about Jan. 6 attacks｜The Kansas City Star
＊13：Kari Lake, Fox 10 Phoenix news anchor, is leaving after 22 years (azcentral.com)
＊14：Trump ally Kari Lake wins GOP primary for Arizona governor (nypost.com)
＊15：2022 Arizona Election Poll: Lake leads governor's race, Senate race tightens (fox10phoenix.com)
＊16：Voter Demographics for the 2012 Presidential Election｜American Enterprise Institute - AEI
＊17：Election 2016 exit polls: votes by race｜Statista
＊18：How Groups Voted in 2020｜Roper Center for Public Opinion Research (cornell.edu)
＊19、20：Joe Biden: If you Don't Vote for Me, 'Then You Ain't Black' - Daily Citizen (focusonthefamily.com)
＊21、22：Hispanic voters rip Biden over immigration, economy: 'Latino values are Republican values'｜Fox News
＊23：White suburban women have 'significantly shifted' support from Dems to GOP, poll finds (yahoo.com)
＊24、25：GOP favored by married people, Dems strongly supported by unmarried women, exit polls show｜The National Desk

第6章

ウクライナ戦争考

米国は、ソ連崩壊（１９９１年）以降米国一極覇権主義をひた走った。ソビエトの消えた世界にあって、二度と米国覇権に挑戦できる能力のある国を作らないという思想である。地域覇権さえも許さない。そのためには、先制攻撃も許されるし国連の意志も蔑ろにしても構わない。「米国だけは特別な国（米国例外主義）」という傲慢な意識は米国の伝統である。米国一極覇権主義はその延長にある。

米国一極覇権主義が米国の外交方針となったのは父ブッシュの時代である。ソビエト崩壊の1年後の１９９２年4月16日、当時国防次官であったポール・ウォルフォウィッツは長文の論文を書き上げた。後に「国家防衛指針（Defense Planning Guidance）」と呼ばれる論考である。機密文書であったが、草稿内容が早々とニューヨークタイムズによってリークされ世に知れることになった。後に秘密解除されたが、93頁の長い論文であった。次頁の写真はその冒頭部分である。これがその後の米国外交政策の基本方針（ウォルフォウィッツドクトリン）となった。

ウォルフォウィッツドクトリンを信奉するネオコンは多く、とりわけイラク戦争を惹起した子ブッシュ政権に跋扈した。以下がその代表的人物である。

ディック・チェイニー　　子ブッシュ政権副大統領
ドナルド・ラムズフェルド　　同　国防長官
コンドリーザ・ライス　　同　国務長官

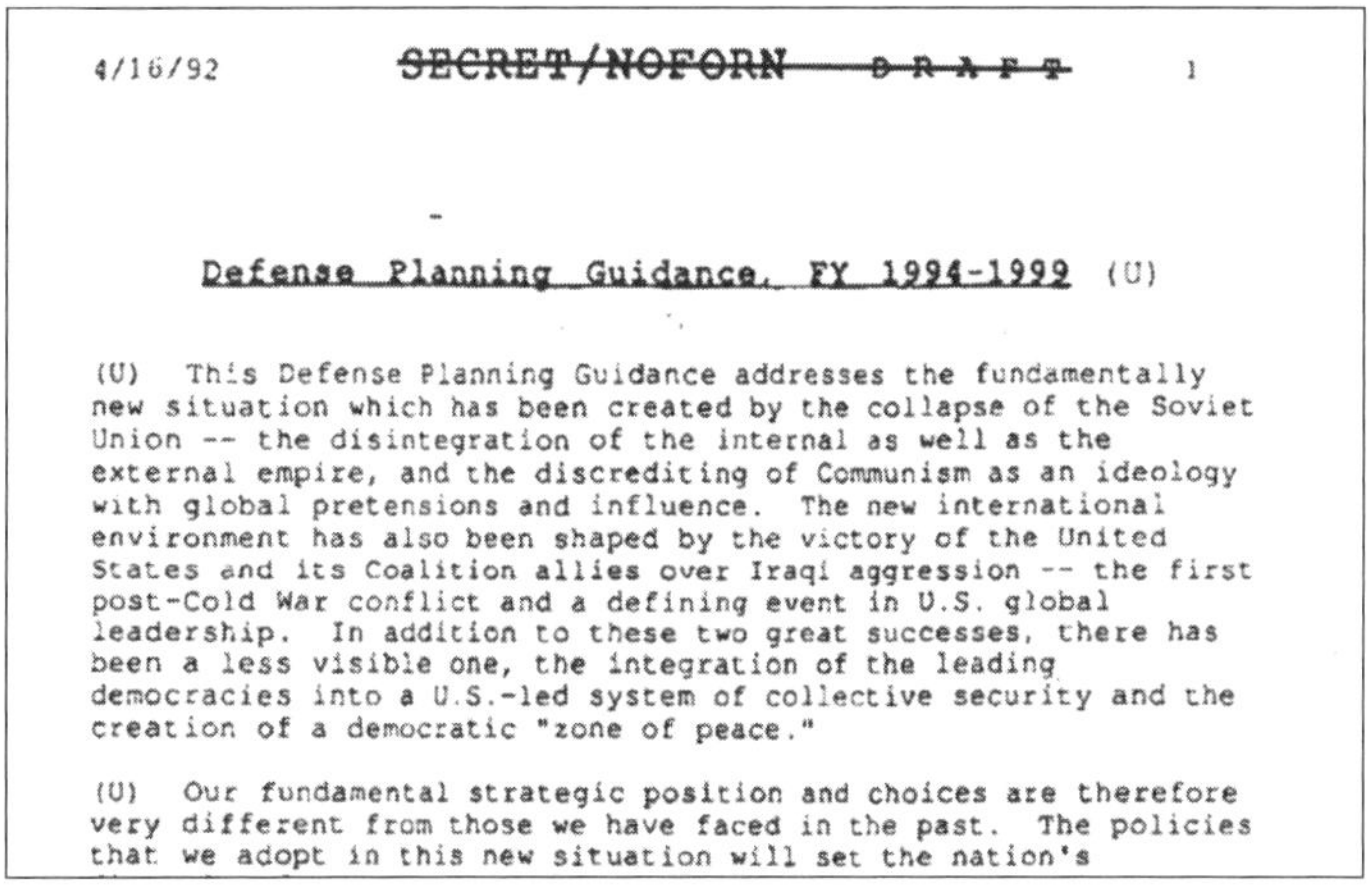

4/16/92　~~SECRET/NOFORN　DRAFT~~　1

<u>Defense Planning Guidance, FY 1994-1999</u> (U)

(U) This Defense Planning Guidance addresses the fundamentally new situation which has been created by the collapse of the Soviet Union -- the disintegration of the internal as well as the external empire, and the discrediting of Communism as an ideology with global pretensions and influence. The new international environment has also been shaped by the victory of the United States and its Coalition allies over Iraqi aggression -- the first post-Cold War conflict and a defining event in U.S. global leadership. In addition to these two great successes, there has been a less visible one, the integration of the leading democracies into a U.S.-led system of collective security and the creation of a democratic "zone of peace."

(U) Our fundamental strategic position and choices are therefore very different from those we have faced in the past. The policies that we adopt in this new situation will set the nation's

「国家防衛指針：1994〜1999年」の冒頭部分

スチーブン・ハドレー　同　大統領補佐官
（国家安全保障問題担当）

リチャード・パール　同　国防政策委員会委員長

スクーター・リビー　同　大統領補佐官

ここに挙げた人物はヴァルカンズ（Vulcans）と呼ばれた。[*1] ヴァルカンとはローマ神話における火の神であり鍛冶の神である。戦争で（火を使って）思うままの作品（米国一極体制）を構築すると決めた男や女を表す的確な表現であった。

ウォルフォウィッツドクトリンは、1994〜1999年の外交指針であったが、米国が実際に行動を起こしたのは子ブッシュ政権（ジョージ・W・ブッシュ大統領）の時であった。子ブッシュは、外交経験に乏しく外交実務をヴァルカンに委ねた。彼らはウォルフォウィッツドクトリンに沿った行動を起こした。それが911事件を奇禍としたアフガン戦争、イラク戦争だった。

オバマ政権になると、国務長官となったヒラリー・クリントンとジョン・ケリーの2人の国務長官がヴァルカンの思想を受け継いだ。中東・北アフリカあるいは東欧諸国ではCIAあるいはNED（全米民主主義基金：非政府組織）を先兵とした工作活動をしかけカラー革命を惹起させた。カダフィ政権（リビア）転覆の成功の余勢をかってアサド政権（シリア）の転覆を謀ったが失敗したことはすでに書いた。

米国一極覇権主義を信奉する「知識人」は民主・共和両党に幅広く散っていた。要するに米国エスタブリッシュメントの外交はネオコンによる介入主義であった。だからこそ、ソビエト崩壊後の外交は父子ブッシュ時代（共和党）にもクリントン・オバマ時代（民主党）にも干渉主義であり戦争が各地で起きたのである（起こした）。

そこにドナルド・トランプ大統領が登場した。ネオコン思想とは無縁の、むしろ彼らの介入主義が米国の伝統と経済力を弱体化させているとして、「MAGA（Make America Great Again）」を引っ提げて国民の支持を得た。だからこそ、彼の時代には、戦争は一度も起きなかった。金正恩は、トランプ政権時代にはミサイル発射を止めている。米国ネオコンと手を組んで、NATOの東進を進めてきたヨーロッパ諸国のNATO高官を「説教」したのもトランプだった。

ウクライナ戦争は、バイデン政権が生まれたからこそ起きた。バイデンは、トランプ時代に野に下っていた新世代の「ヴァルカン」たちを外交軍事の中枢に再び登用した。

米国一極覇権主義の危険性に、プーチン大統領は何度も警告を発していた。彼は、カラー革命をしかけていたネオコンの行状をよく知っていた。当時のドイツ・フランスは、そのことをわかっていた。だからこそ、マイダン革命後のウクライナに圧力をかけ、ロシアとのバランスを保つためのミンスク合意（ミンスク2：2015年2月）を結ばせた（仲介）。

バイデン政権に舞い戻ったヴァルカンたちはゼレンスキー・ウクライナ政権のロシア系住民（主としてウクライナ東部）の迫害を黙認した（煽っていた可能性が高い）。約束したロシア語尊重政策も反故にした。そうした流れの中で、ウクライナ戦争は起きた。主要メディアは、こうした経緯を伝えない。日本における「保守系」論客の多くも此処までに書いた経緯を知らず、「ロシアが悪い」合唱団に加わった。

1 プーチンを評価するソルジェニーツィン

アレキサンドル・ソルジェニーツィンがノーベル文学賞を授与されたのは1970年のことであった。ソビエト体制を厳しく批判する文学活動を評価してのものだった。とりわけ彼自身

アレキサンドル・ソルジェニーツィン（1918〜2008年）

がスターリン時代に味わった強制収容所の過酷な実態を暴いた「イワン・デニーソヴィチの一日」（1962年）は世界に衝撃を与えていた。

ソルジェニーツィンは、第二次世界大戦中はドイツの侵攻に抵抗していたが、1945年にソビエト秘密警察に逮捕された。友人あての手紙の中で、スターリンを批判していたことが理由だった。スターリンを「The Boss」と言い換えての批判だったが、8年間のシベリア送りが決まった。収容所での体験が「イワン・デニーソヴィチの一日」のベースとなった。

ニキータ・フルシチョフ（第一書記：1953〜1964年）が彼を擁護したこともあり比較的自由な執筆活動が可能だった時期もあったが、1974年には市民権を失い西ドイツに移った。1976年には米国に活動拠点を移し、精力的に執筆・講演活動を続けた。ソビエト崩壊後の1994年、ロシアに帰国すると2008年に亡くなるまで執筆を続けた。

ソルジェニーツィンはロシア人とウクライナ人の混血である（自身でそう語っている）ことからもわかるように、ソビエト崩壊後に分離独立したウクライナの行く末を憂慮していた。ウクライナ固有の問題に加え、東進を続けているNATOの動きがその問題に油を注ぐことになると懸念していた。モスクワニュースのインタビューではNATOの背後にいる米国を批判した（2006年4月28日）。*2

「米国は（東進を続け）、次から次に軍を各国に駐留させている。ボスニアには9年、コソボとアフガニスタンには5年、イラクには3年。NATOと米国の動きは一体化して（その拡大意欲には）際限がない。今日のロシアは彼らの脅威でもないのに、東ヨーロッパに迫り、そして南からもロシアを脅かしている」

「NATOは各地のカラー革命を物質的にも精神的にもサポートし、その影響力を中央アジアにまで拡大しようとしている。彼らがロシアを囲い込み、ロシアの破壊を狙っていることは明々白々である」

「ウクライナについてだが、ロシア語に対して狂信的な迫害が起きている。調査によればおよそ60％のウクライナ国民がロシア語を使っている。そうでありながらロシア語を使わせないようにしている。残酷としか言いようがない。ウクライナ文化の破壊そのものである。ウクライナは大きく領土を拡大したが、そうした土地には歴史的にみれば一度もウクライナに属したことがなかったところが多い。ノヴォロシア、クリミアそして南東部がそうである」

「このような状況の中にあって、ロシアが、ウクライナにすむ数百万のロシア人（注：ロシア語を話すウクライナ国民）を見捨てることはできない」

確かにウクライナは、独立後もロシア語を尊重すると約束していた。しかしそれは蔑ろにされた。

かつてチェコスロバキアがそうであった。第一次世界大戦末期のどさくさにまぎれてチェコ（チェコ軍団）はかつてのオーストリア・ハンガリー帝国領土内に目いっぱいの領土を拡大した。その結果スロバク系、ドイツ系、ポーランド系などの少数民族を取り込む大国チェコスロバキアとなった。パリ講和会議では、英仏などがその強欲に懸念を表明したが、チェコスロバキア代表のエドヴァルド・ベネシュ外相は少数民族を重視すると見えを切った。

ベネシュの言葉は空手形だった。彼らは、無謀を承知で獲得した「領土」がパリ講和会議で容認されると、たちまちチェコ語の強制教育を始めた。それに反発したズデーデン地方に住むドイツ系住民がドイツ（ヒトラー政権）に支援を求めてズデーデン危機となった（1938年）。それが第二次世界大戦の原因の1つだった。

NATO東進とウクライナのロシア系住民への迫害を見たソルジェニーツィンは、かつてのチェコスロバキアの歴史がウクライナで繰り返されるのではないかと恐れたのではなかったか。

ソルジェニーツィンの不安をより正確に理解するには、1999年初めに始まったコソボ紛争について知っておく必要がある。

コソボは、ユーゴスラビア解体後に成立したセルビア共和国内の自治州だった。コソボ独立を狙うアルバニア系住民との間には緊張関係が続いていた。1999年1月、コソボの村ラチャクで45人のアルバニア系住民がセルビア軍に殺された。NATOは、直ちにセルビア空爆を開始した。国連の承認のないNATO独自の軍事行動だった。空爆は78日間続き500人を超える民間人が死んだ。NATOの攻勢に抵抗するセルビアにロシアが支援に入ると、NATO対ロシアの全面戦争が心配された。

ここまで読み進まれた読者であれば、NATOの激しい空爆と国連無視がウォルフォウィッツドクトリンに沿った行動であることはすぐに了承できよう。

2007年6月23日、ソルジェニーツィンはドイツ誌『デア・シュピーゲル』のインタビューを受けた。

「NATOのセルビア空爆は残酷なものであった。ロシア人も大きなショックを受けた。それまでロシア知識人の多くが、西欧諸国は民主主義を擁護する正義の騎士だと理解していた。(中略)ロシア人はそれがとんでもない幻想だったと気づかされた」[*3]

西欧諸国への幻想が崩れたソルジェニーツィンや親米だった知識人は、NATO東進に果敢にそして冷静に対峙するプーチンへの期待を高めた。ソルジェニーツィンは、プーチンは諜報組織出身の「悪党」だとする西欧諸国のプロパガンダ攻勢に反発した。

「ウラジミール・プーチンは確かに諜報組織に所属した人間である。しかし彼はKGBの調査員でもなかったし、収容所の所長だったこともない。対外諜報部門にはいたが、そうした組織に属したことはネガティブだと判断するのは早計だ。その経歴はむしろ輝かしいものだとも言える。ジョージ・ブッシュ（父ブッシュ）もCIA長官だったが、そのことで彼が批判されたことはない」[*4]

2 早くから指摘されていたウクライナの危険

1節に書いたソルジェニーツィンの言葉からもわかるように、ロシア知識人は、ロシアが西欧から敵国扱いされるとは露《つゆ》ほども思っていなかった。しかし、NATOの止まない東進に加え、彼らが見せた残酷な空爆作戦に何かおかしいと気づかされた。ウォルフォウィッツドクトリンが世に知れると、米国はNATOを使ってロシア囲い込み作戦をたしかに進めていることを確信した。

筆者は、この時期のロシア親西欧知識人の思いは、戦前の日本の親米派知識人の思いに共通していると思っている。日本の親米政治家や渋沢栄一に代表される親米実業家がどれほど友好のメッセージを投げかけてもルーズベルト政権は聞く耳を持たなかった。日本人の多くが、日独伊三国同盟（1940年9月）とその締結を進めた松岡洋右外相を批判するが、松岡の動きは、米国の日本いじめ外交の結果である。

ソルジェニーツィンの落胆を理解することはウクライナ問題の本質を理解することでもある。本書読者にはどうしても目を通していただきたい書がある。マリン・カッサが2015年に出版した「コールダー・ウォー」[*5]である。翻訳は筆者が担当した。

カッサは、エネルギー関連株を扱う米国ファンドマネージャーであり、世界各国のエネルギー戦略を研究してきた。ソビエトは崩壊したがロシアは天然資源の超大国である。それだけにロシア外交（資源外交）については深い関心を持っていた。ロシアの対ウクライナ外交は、ロシア資源外交と密接に関連しているだけに、カッサはウクライナの動向が気がかりだった。

同書第5章は「ウクライナ問題」と題されており、世界のエネルギー事情とウクライナ情勢がいかに密接にかかわりあっているかを論じていた。2015年に上梓された書だったが、2022年2月から始まったウクライナ戦争を先読みするかのような分析であった。

先に、ウクライナはソビエト崩壊に伴って独立（1991年）したと書いた。独立後のウクライナは、「策謀に満ち腐敗も激しく経済は低迷した。政治は親EU派と親ロシア派が対立した」。[*6]

ウクライナの政治は、この記述からもわかるように親ロシアと親ＥＵを振り子のように揺れた。２００４年選挙では親ＥＵのヴィクトル・ユシチェンコが勝利した（オレンジ革命）。２０１０年の選挙では親ロシアのヤヌコビッチが政権を握った。２０１３年には経済危機に陥ったがヤヌコビッチはロシアとの経済協定で乗り切ることを決めた。

これに反発する反ロシアの民衆がキエフ（キーウ）に集まり暴動を起こした。ヤヌコビッチ政権は倒れ、暫定大統領にはペトロ・ポロシェンコが就いた。暫定政権は再び親ＥＵ政策に転換した。これがいわゆるマイダン革命である。ＣＩＡやその傘下にある非政府組織を総動員して成就したマイダン革命は「Made by CIA」革命であった。「ネオコン革命」と言い換えてもよい。反政府デモにはネオコン官僚ビクトリア・ヌーランド（現バイデン政権国務次官）が臆面もなく参加していた。

ヌーランドに代表されるネオコンはウォルフォウィッツドクトリン完成のためには手段を選ばない。彼女が利用したのはスヴォボダ党であった。党首は親ナチスのオレフ・チャフニボクで反ユダヤを標榜している人物である。ヌーランドはユダヤ人である。ネオコンの多くもユダヤ人である。そうでありながら反ユダヤの組織とタッグを組んだ。[7]

ヌーランドが彼らと革命手順を打ち合わせていたことは、盗聴され公開された彼女自身の電話の内容から事実であることは明らかだった。しかし欧米主要メディアはそれを伝えない。これを詳細に伝えたのはネットニュースサイト「サロン」だった（2014年2月25日）。「占拠されたキエフ市役所には、ウクライナ旗と併せて白人至上主義者のシンボル旗も持ち込まれた。ひっくり返されたレーニン記念碑の周りではナチス親衛隊旗や白人の力をシンボル化した旗が振られた」[*8]

親EUに舵を切ったウクライナではたちまちロシア系住民への迫害が始まった。そうした情勢を見たプーチンは、ロシア系住民が多数派を占めるクリミア併合に動いた。クリミア半島がウクライナに属したことは歴史上なかった。そのクリミアをウクライナに「返した」のはフルシチョフだった。「この返還には実質的な意味はなかった。当時は、ソビエト連邦がばらばらになるなど想像できるものは1人もいなかった」[*9]のである。

フルシチョフの感覚から言えば、伊豆半島を静岡県に帰属させるか、神奈川県に帰属させるか程度のものであった。しかし、ウクライナが親EUからさらに過激な反ロシアに舵を切る恐れが出た以上、プーチンは動かざるを得なかった。ロシアにとって黒海は米国にとってのカリブ海である。米国はカリブ海には絶対に敵対勢力を入れず圧倒的な制海権を保持する。かつてキューバに核ミサイル基地をソビエトが作ろうとした事件があったが当時のジョン・F・ケネディ大統領は毅然としてそれを拒否した（キューバ危機：1962年）。

黒海に面する軍港セヴァストポリは、ロシア海軍の拠点となる要港である。ここを失うことはロシアが黒海の制海権を失うことでもある。クリミアの住民のほとんどがロシア系であり、クリミア議会（クリミア自治共和国）がウクライナからの分離を決議すると決めた。この決定は住民投票にかけられ、ロシア帰属が決まった（2014年3月）。

「ロシア系住民が多数派のクリミアがロシア帰属を決めたことに誰も驚きはしなかった。クリミアがロシアに帰属しないのであれば、アメリカが糸を引くクーデターを受け入れなくてはならなかった。クリミアのロシア系住民は、キエフの暫定政権にロシア系住民を嫌う勢力が入っていることを知っていた。（中略）キエフ（キーウ）では、ロシア系住民が殺されていた。クリミアのロシア系住民にとってロシア帰属を決めることは難しい判断ではなかった」[*10]

筆者は、クリミアのロシア併合を批判する米人評論家と議論したことがある。筆者は、住民の意志を尊重して帰属を決めるやりかたは歴史的にみればアメリカがその領土拡大を正当化してきた手段だったことを指摘した。テキサスもハワイもそうして領土化した。その評論家が、「それは昔の話」と悪びれることもなく答えたのを鮮明に覚えている。

オバマ大統領はこの併合を激しく非難し、同調するEU諸国とロシア制裁を決めた（2014年7月）。いまでも歴史書はクリミア併合を非合法的併合（illegal annexation）と記述する。しかし、米国のハワイ併合（ハワイ革命）を非合法と書くものはいない。

カツサ氏は、2014年時点で次のように書き、8年後のウクライナ戦争を予言していた。

「ウクライナへの軍事介入の可能性についてはプーチンは否定している。東部ウクライナでのロシア系住民の安全が脅かされることにならなければ軍事介入はないだろう。アメリカがウクライナの混沌を生んだことははっきりしているが、この紛争が悪化することを望むものはいない。ただアメリカが、これからもプーチンを苛立たせる外交を続ければ、プーチンのペトロダラー体制打破の動きをよりいっそう早めるだろうことは十分にあり得ることだ」[*11]（注：ペトロダラーシステムとは世界の石油取引をドルベースにすることを半ば強制したシステム。キッシンジャーがサウジアラビアの安全保障と引き換えにシステム化した。これによって金との兌換を喪失したドルの世界貨幣としての地位を維持することができた）

③ロシアの主張を一切考慮しないNATO（米国）

しかし、アメリカはプーチンを刺激する外交を止めはしなかった。ネオコンの究極の狙いはロシアの分割化である。次頁に示したのはネオコンが構想（夢想）するロシア分割案の１つである。この絵を示したのはジャーナリストのマイク・ウィットニーである。[*12]

外交問題評議会（ＣＦＲ：Council on Foreign Relations）はマイダン革命後の動きを記述している。ＣＦＲはネオコン系シンクタンクである。

ロシア崩壊後の国家分割案

２０１４年５月、ウクライナ東部ドネツクとルハンシクの２州が、クリミアに続いて国民投票を実施し、ウクライナからの独立を決めた。これに対抗するウクライナ軍と東部の親ロシア勢力との軍事衝突が始まった。東部２州とウクライナ国境周辺での戦いが日常化するのはこのころからである。

２０１４年９月には停戦の合意（ミンスク合意）となったが実効性に乏しかった。このころのフランス（フランソワ・オランド大統領）とドイツ（アンゲラ・メルケル首相）はまだ冷静であった。紛争の拡大を防ごうと仲介に動いた。それがミンスク２合意（２０１５年２月）となった。この合意によって即時停戦、重火器撤去などが決定し、懸案はその後の政治的解決に任せた。

ミンスク2合意により、ウクライナ、ロシア、ドネツク人民共和国、ルハンシク人民共和国に加え欧州安全保障協力機構（OSCE）が参加する連絡会議が2カ月毎に開催されることが決まった。注意しなくてはならないのはNATOの中心メンバーである米国がこの仲介に積極的に参加していないことである。利害が複雑に絡まる外交交渉を実効ある形にまとめるのは容易ではない。それでも目に見える形で停戦を実現したことは評価しなくてはならない。合意形成に積極的に動かなかった米国だが、真にこの地域での紛争解決を望んでいるのであれば、その後の政治的解決をアシストすることもできた。

しかし米国のネオコンはこのような合意がなったことに苦虫を嚙み潰した。

ネオコンやネオコンのダミーである非政府組織（NGO）を資金援助してきたのがジョージ・ソロスである。ソロスの運営するオープンソサエティがその実行部隊である。2014年のマイダン革命の裏に彼がいたことは公知である。ソロスが、ミンスク2合意を快く思っていないことは容易に想像できた。

ミンスク2合意がなって暫くすると、ロシアのハッカー集団サイバーベルクート（CyberBerkut）が、ソロスの書いた文書を公開した。[*13] この集団は親ロシア勢力が運営しており、米国のネオコンが警戒している組織である。

「サイバーベルクートは、得体のしれない少数のグループが運営するサイバーアタック集団である。親EUのウクライナ政府を辱めるために、政府高官の私生活から同政府の軍需品国際マーケットでの密売まで暴いている」（インターナショナルビジネスタイムズ）。[*14]

２０１５年３月15日付けのソロス文書は「Confidential」とされ、「新ウクライナのための短・中期戦略」と題されていた。そこには、「ミンスク２合意に抵触しない形で、ウクライナの軍事戦闘能力を再建する」ための具体的指針が書かれていた。アトランティックカウンシル（Atlantic Council）が専門家をウクライナに派遣しポロシェンコ大統領を補佐するとも書かれていた。[*15]

アトランティックカウンシルはワシントンＤＣにあるネオコンのシンクタンクである。「ヴァルカン」の生息する魔の組織である。

ソロス文書はハッキングによって得られただけに全面的に信用することはできない。しかし、この文書の公開はロシアの一方的利益になるものではなく、ミンスク２合意を快く思わない勢力がいることに注意を促しているものである。合意の履行はロシア・ウクライナ両国にとってベネフィットがある。それだけに、そのような和平合意を破壊する動きを、ネオコンの裏の巨頭ソロスが行っていても不思議ではない。

実際、ソロスが狙ったようにウクライナ情勢は安定を見せなかった。２０１６年４月にはＮＡＴＯは四個大隊をエストニア、リトアニア、ラトビア、ポーランドに巡回派遣すると発表した。ロシアのウクライナ侵攻に備えたものだと説明された。翌17年9月、米国は二個戦車旅団をポーランドに駐留させると決めた。

２０１８年1月には、米国はロシアに近い21人の個人と9の会社に制裁を科すと発表した。3月にはウクライナへの最新対戦車砲の販売を承認した。10月には、西部ウクライナでＮＡＴＯの大規模演習が実施された。いうまでもなくウクライナはＮＡＴＯに加盟していない。それでもウクライナ国内で演習を決めたのは、前の月（9月）にロシアが大がかりな演習を実施したからだと説明された。

注意しなくてはならないのはこの時期の米国外交には緊張緩和を求める一切の動きがないことである。米国の物理的衝突を願うかのような動きを見て、独仏首脳も金縛りにあった。事態はその深刻度を増しているにもかかわらず両国は仲介に入らなかった（入れなかった）。仲介国が消えたことでロシア・ウクライナ両国の物理的衝突は不可避になった。２０２１年10月にはプーチン大統領は覚悟を決めたかのようにウクライナ方面への軍事プレゼンスを一挙に高めていった。

こうして２０２２年2月24日、ロシア軍のウクライナ侵攻が始まった。プーチンはこの侵攻を「特別軍事作戦（Special Military Operation）」と呼んだ。プーチンは2つの作戦目標を挙げた。１つはウクライナの非ナチ化。２つ目はロシア系住民の虐殺を止めさせるであった。

軍事進攻開始前の2021年12月半ば、ロシア外務省は衝突回避のための最後の要求をNATO／米国に伝えた。[*16]

1　NATO軍の東ヨーロッパ、中央アジア方面での軍事行動の中止
2　NATOの東進の中止
3　ウクライナのNATO加盟は認めない

筆者には、ロシアの要求に理不尽なところはないと思っている。この要求をなぜNATO（米国）が前向きに検討できなかったのか。米国が心底紛争の回避を求めるのであれば、この時期に首脳会談もできたはずであった。

4　仲介を続けるトルコのエルドアン大統領

NATO・米国が頑なにロシアの声に耳を閉ざす中で、精力的に軍事衝突回避に動いたのはトルコのレジェップ・タイイップ・エルドアン大統領であった。トルコはアジアとヨーロッパの結節点に位置する国であるだけに極めて難しいバランス外交を強いられてきた。

トルコとロシアの関係はすでに詳述したシリア内戦の時期に緊張していた。トルコは、シリア北東部から北部のトルコ国境地帯に勢力を張るクルド人組織クルド民主統一党（PYD）を

警戒していた。クルド人国家の建設を求めるPYDをトルコはテロ組織に指定していた。[*17] トルコはPYD掃討のためにシリア国内への侵攻を厭わず繰り返している。そのことからもわかるように、シリアとトルコの国境地帯は常に緊迫していた。ロシアはネオコンが煽った反アサド政権（反政府）組織を支援していたからトルコは間接的に反ロシアの立場になった。

２０１５年11月24日、この地域上空でロシア空軍機Su－24１機がトルコ空軍機F－16によって撃墜された。トルコ側は「領空侵犯であり、くり返しの警告を無視したため撃墜した」と説明したが、ロシア側は領空侵犯を否定した。これにプーチン大統領が報復していれば、ロシアとNATOの直接衝突に発展する恐れがあった。トルコはNATOメンバー国であり、その陸軍力はNATOメンバー諸国では米国についで2番目である。

これまでも領空侵犯とみなされるロシア軍機の動きが何度もあった。そんな中での撃墜が、「突発的な事件であるはずもない。裏に何かあるはず」だと考えるのが常識である。２０１５年11月27日、保守系ニュースサイトブレイトバート（Breitbart）は、レバノンのドゥルーズ派リーダーであるワリッド・ジャンブラット（Walid Jumblatt）の見立てを報じた。

「トルコが単独でロシア機の撃墜などできるはずはない。トルコはNATOメンバー国である。NATOの了解を求めている。要するにこの事件はNATOの指揮でトルコが撃墜したという構図である[*18]」

プーチン大統領も同じ見立てであった。緊張のエスカレートを危惧するフランスのオランド大統領との会談で次のように語った（2015年11月26日）。

「アメリカはNATOメンバー国でありトルコの同盟国である。アメリカはわが戦闘機のフライト情報を摑んでいた」[*19]

要するに米国のネオコンがこの事件の裏にいることを示唆したのである。表面上はロシア・トルコ両国の詰り合いが続き、ロシア対NATOの全面戦争がいつ起きてもおかしくない報道が続いていた。しかし、プーチンはこの罠に嵌まらなかった。

2016年7月15日、トルコ陸軍の過激分子によるエルドアン大統領排除のクーデターが起きた。トルコ各地で武装蜂起があり、参謀統合本部議長（Hulusi Akar）も誘拐された。しかし、一般市民はこれに同調せず政府側についた。暴動はたちまち鎮圧された。なんとも不可思議なクーデター未遂事件だった。

エルドアン大統領は、首謀者として政敵フェトフラー・ギュレンの名を挙げた。ギュレンは勝手に国外追放されたと主張し、1999年以来アメリカに「亡命」していた。トルコは、米国に対して身柄引き渡しを要求していた（未だに実現していない）。

プーチン大統領は、クーデター未遂事件後直ちにエルドアン政権を支えると表明した。プーチンは、ロシア機撃墜の意思決定にエルドアン大統領は関与していないと判断していた。ネオ

トルコ製ドローン戦闘機バイラクタルTB2

コンがトルコをだしに使っての代理戦争を仕掛けていることを知っていた。

これを機に両国の関係改善が一気に進んだ。エルドアン大統領は、ロシア機撃墜を公式に謝罪し、亡くなったパイロット遺族への補償を申し出た。２０１７年に入るとトルコはロシア製S４００移動式地対空ミサイルシステムの購入を決めた。25億ドル相当の契約であった。NATOが、この決定を快く思うはずもなかった。[*20]

ヨーロッパ外交は日本人の常識を遥かに超えている。蜜月に転じたかに見えた露ト関係は再び緊張する。２０１９年、トルコの武器メーカー・バイカルディフェンス社が無人戦闘機（ドローン）バイラクタルTB2をウクライナに売却したのである。このドローンがウクライナ東部のロシア系住民攻撃に使用された。このドローン戦闘機の設計者はエルドアン大統領の娘婿セルチュク・バイラクタルであった。西欧諸国の同タイプのドローンより安価であった。[*21]

トルコは、ロシアにエネルギー安全保障を委ねている。天然ガス45％、石油17％、ガソリン40％がロシアからの供給である、さらに観光収入の28％がロシア人旅行客からのものである。こんな状況にあるにもかかわらず、ロシアと対立関係にあるウクライナに武器を供給するメンタリティは日本人の理解を超える。

このようにロシアとの間に複雑極まりない利害関係を持つエルドアン大統領は、そんなことを寸分も気にもかけず堂々と仲介役をかって出た。ウクライナのある国会議員（Rustem Umerov）の言葉がこの面妖なトルコの動きをよく表している。

「トルコは我々の側にいる。我々の主権を重んじているし領土も尊重してくれている。ロシアのクリミア併合も認めていない。一方で、トルコは政治的外交的そして経済的な紐帯がロシアとはある。（中略）トルコは素晴らしい仲介役を果たしてくれると思う。緊張緩和そして懸案解決に向けて努力してくれると思う」（２０２１年12月21日、UKRINFORM報道[*22]）

エルドアン大統領の仲介は、両国の軍事衝突を防げなかった。２０２２年２月24日、ロシアによるウクライナ侵攻が始まった。衝突後もトルコは仲介を諦めなかった。米国は待っていたかのように１３６億ドルの対ウクライナ支援を決めた（３月10日）。ＥＵ諸国が拠出していた

5億3700万ドル（2月28日）の支援金とは桁が違っていた。

米国の反ロシア外交の前のめり具合は常軌を逸していた。3月26日、バイデン大統領はネオコンアジェンダ遂行の最大のチャンスと思ったのか、ポーランドに駐留する米軍基地を訪問した。ポーランド訪問は、ウクライナ支援の協力体制を強化させるためであり、同時に支援国各国とその具体策を協議するためであった。バイデンは、首都ワルシャワで、これから始まるかもしれない対ロ戦争を意識したかのような「とんでも」発言をした。

「あの男（プーチン大統領を指す）を絶対に権力の座に居させてはならない（This man cannot remain in power for the sake of God）」（USNews）[*23]

ホワイトハウスはこの発言の重大性に気づき火消しを図ったものの、アメリカ（ネオコン）の本音を臆面もなく晒したものであった。

エルドアン大統領は、戦いの勃発を喜ぶかのようにウクライナ支援に狂奔する米国やEU諸国を尻目に、和平交渉を継続させた。3月29日、ロシア・ウクライナ交渉団はトルコの首都イスタンブールにいた。ウクライナ代表団が、ウクライナの中立化案を提示したのはこの時であった。[*24]

5 和平妥協案を「破壊」した英国ボリス・ジョンソン首相

物理的な軍事衝突が始まってからの第三国が取るべき外交は、とにかく停戦を実現させることである。どちらが正しいか間違っているかを語ることは禁物である。正邪の議論は、戦い勃発前にすべきことである。

東京都は、戦いが始まると都庁を青と黄色のウクライナ国旗色にライトアップをした（2月28日開始）。愚かな振る舞いであった。まずは停戦と和平を願う意志を示すようなニュートラルなライトアップができなかったのだろうか。

日本のメディアは都庁のライトアップでもわかるように米国ネオコンの意を酌んだ報道を続けていた。しかしそのころトルコの仲介で、停戦交渉が合意に近いという報道が出ていた。

「交渉は困難なものではあるが、重要な点において合意に至る空気が出てきている（トルコ外相談）」（アルジャジーラ：2022年3月20日付）[*25]

同様の報道は同日付けのロイターでもあった。両国には戦火を拡大させない意志があった。そして実際に暫定的合意がなされたようであった。内容は、ロシアの安全保障上の懸念を払拭するものであった。ウクライナ国内での外国勢力の軍事演習の禁止、ウクライナはNATOメンバーシップを求めない、ロシア系ウクライナ国民の保護といったものであったらしい。要するに米国ネオコンに指導されたＮＡＴＯとそれを懸念するロシアの間に立って、ウクライナは中立的立場を取ることに合意したのである。

筆者は、これがウクライナ国民にとって、もっとも幸福な条件ではなかったかと考えていた。しかし、この合意は文書での合意に至らなかった。ウクライナ交渉団メンバーの１人デニス・キリーフ（Denis Kireef）が暗殺されていたのである。２月28日、ベラルーシで行われた交渉に参加した１週間後、ウクライナ情報部にロシアのダブルエージェントだとされ射殺された（イスラエルタイムズ：２０２２年３月６日付）。[*26]

筆者は、ロシアと何らかの妥協を覚悟した勢力への、ウクライナ政権内部の対ロ強硬派による見せしめ的処刑だと疑っている。この事件はウクライナ交渉団メンバーを怯えさせていた。難しい外交交渉では互いが何らかの妥協案を示す必要がある。ウクライナ交渉団は妥協案提示に消極的になった。そんなことをすればロシアのエージェントだとレッテルを貼られ殺されることを覚悟しなくてはならない。

それでも何らかの妥協が必要だと考えるグループもいたが、それをボリス・ジョンソン英首相が潰した。

ジョンソンは、キリーフ暗殺事件のおよそ１カ月後の４月９日、突然にキーウを訪問した。

キーウにもいつミサイルが飛んでくるかもしれないなかで、なぜ彼はキーウを訪問したのか（できたのか）。訪問の狙いは「ゆるぎないウクライナ支援（unwavering support）」をゼレンスキー大統領に直接伝えるためだ」と説明された。

市内の被災地を巡るジョンソンは「Never Surrender」で名をはせた（悪名高い）ウィンストン・チャーチルを気取った。（注：筆者はチャーチルを愚かな政治家だと考えている。興味ある読者は、拙著『英国の闇 チャーチル』〈ビジネス社〉にあたっていただきたい）

ジョンソンは、ゼレンスキーに対して、「ロシアとの外交関係を断て。プーチンにはとにかく圧力をかけつづけることだ。彼とは交渉できない（してはならない）」と述べたようだ。[*27]

英国の反戦組織「Stop the War Coalition」副議長クリス・ナイハムは、「ジョンソンは外交的解決に反対するが、そんな態度では、戦いは長期化し、多くの人が死ぬことになる」（2022年6月6日）とジョンソンを批判した。[*28]

NATO諸国は、安全保障の根幹を米軍に依存する。米国（ネオコン）の意向にはさからえない。ヨーロッパ大陸諸国はそのエネルギーを大きくロシアに依存する。特に天然ガスはヨーロッパ全体の需要の40％をまかなうほどの規模である。

2021年9月にロシアとドイツ間をつなぐ海底ガスパイプライン・ノードストリーム2が完成した。ロシア嫌いのウクライナやポーランドを経由せず、北海の海底に敷設されただけに、ロシア産天然ガスの長期安定供給を可能にするヨーロッパ諸国には待望のインフラストラクチャーの実現だった。

米国ネオコンの別動隊と化した英国は別にして、ドイツを中心とした大陸諸国はロシアと敵対し、エネルギー供給がショートすればエネルギー価格の高騰があることは当然に予想できた。そうなれば、自国民がどれだけの苦しみを味わうかわかっていたはずである。

そうでありながら独仏を中心とするＥＵ諸国は、ネオコンのロシア解体作戦（ウクライナ戦争支援）に唯々諾々と従った。

⑥ ヨーロッパ諸国を目覚めさせたノードストリームの破壊

米国は、西欧諸国がロシアのエネルギー資源に依存することを嫌った。米国による妨害の歴史は長い。ソビエト崩壊前のことであるが、ヨーロッパ諸国は、エネルギー資源の極端な中東依存から脱却する手段として、ソビエトのシベリア天然資源に注目した。１９８２年、ユーロ・シベリアパイプラインはソビエトの必要とする機械や大口径鋼管など１５０億ドル相当（当時）とのバーター（Gas for Pipes）で始まった。

当時のレーガン政権は、このプロジェクトを嫌い（技術支援、金融信用供与などに）しばりをかけると決めた。この制裁要求にヨーロッパ諸国は強く反発した。欧州経済共同体（EEC：European Economic Community：EUの前身）は該当会社に制裁を拒否させた。フランスは、米国の制裁を恐れて発注品のソビエト出荷を渋る会社にその実行を命令したほどであった。[*29] 米国は「欧州の反逆」に怯み、数カ月で制裁要求を撤回した。

2019年12月、1982年を髣髴とさせる事件が起きた。全長1230㎞総工費95億ユーロをかけた海底ガスパイプライン・ノードストリーム2の敷設工事があと数㎞を残して頓挫したのである。

ノードストリーム2は、2012年暮れから稼働し西ヨーロッパ諸国に年間550億立法メートルのガスを供給するノードストリーム1[*30]に並行して計画され、順調に敷設工事が進んでいた。2つのノードストリームは、ロシアサンクトペテルブルク近郊の港からバルト海底のパイプラインを通じてドイツ西ポメラニア地方（ドイツ北東部）の港（グライフスヴァルト）をつなぐ。

ノードストリーム2（ロシア・ガスプロム社）の建設にはヨーロッパ企業5社も参加していた。[*31]

オーストリア　OMV社

ドイツ　Wintershall社、Uniper（ウニパー）社

Nord Stream pipelines from Russia

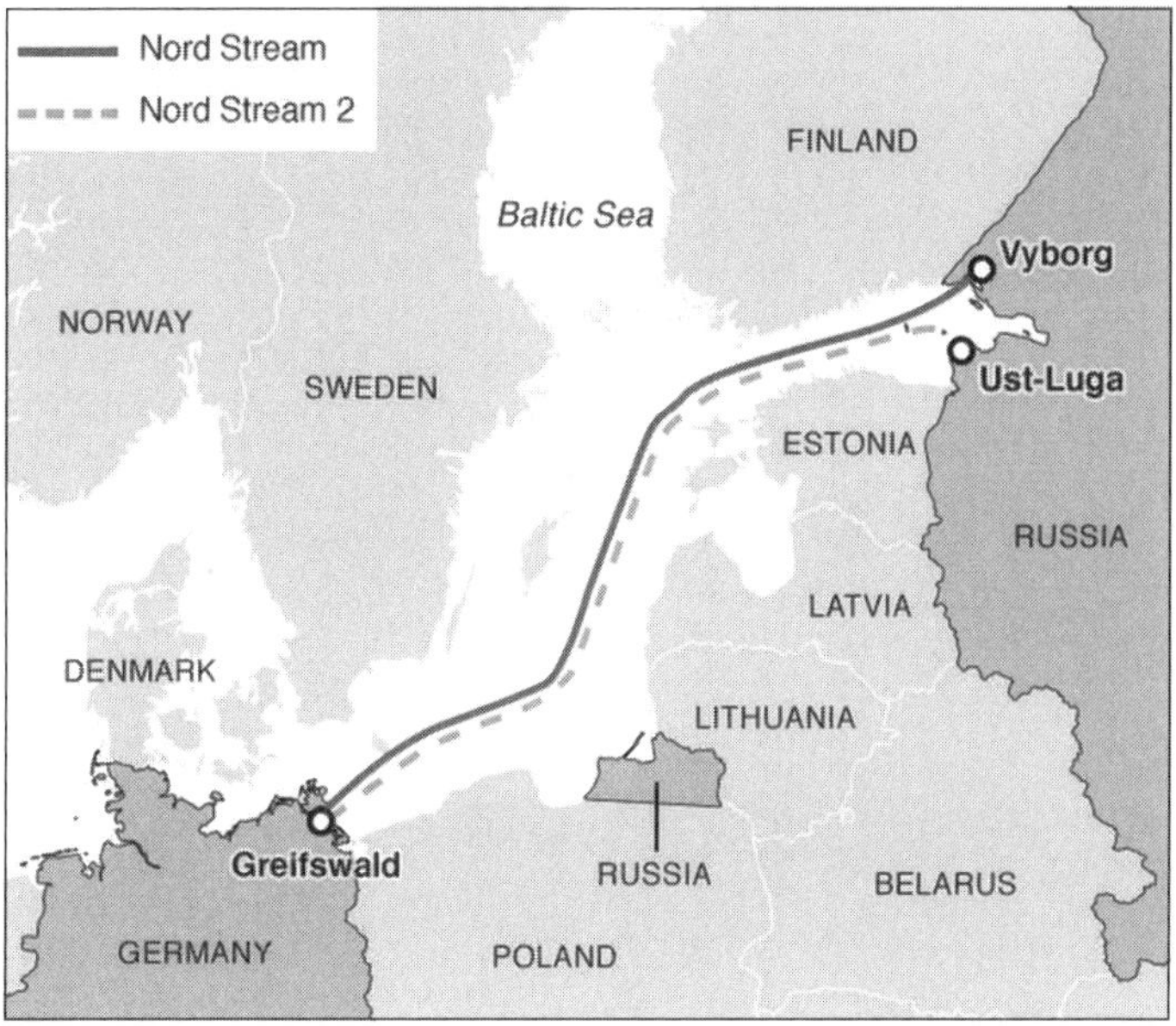

ノードストリーム２はバルト海底をノードストリーム１に並行して敷設されている

フランス　Engie社
英蘭　Royal Dutch Shell社

ヨーロッパへの天然ガス供給は陸地のパイプラインを通したほうが安上りである。しかし、政情不安地域あるいは反ロシアの国を通るため、海底ガスパイプラインは安心できるインフラストラクチャーだった。

2つの海底パイプライン建設はロシアとウクライナの外交関係と密接にかかわっていた。大陸にあるウクライナを通るパイプラインはウクライナ政府にとって金の成る木であった。ウクライナは法外な通過料を要求し、さらにパイプラインからの「盗ガス」も目立っていた。１９９４年には、西ヨーロッパ送りの天然ガスの91%がウクライナ経由であった。

法外な通過料と「盗ガス」はロシアの頭痛の種であった。しかし、ロシアは２０１８年にはウクライナを通過するガスの割合を41%に減らしていた。ノードストリーム２の完成で、ウクライナ通過ガスはほぼゼロになる予定であった。[*32]

バルト海底ガスパイプラインプロジェクトはウクライナ政変と密接に関連していた。ノードストリーム１のプロジェクトはオレンジ革命（２００４年）の１年後に始まった。ノードストリーム２は、マイダン革命（２０１４年）直後に調印された。[*33]

この経緯から容易に想像できるように、２つの海底パイプラインは、ロシア解体を狙う米国ネオコン勢力にとっても、通過料を失うウクライナにとっても不都合な存在であった。

ウクライナ戦争が勃発するとEU諸国は米国（ネオコン）の圧力に負けた。彼らは米国に引きずられるように対ロ経済制裁に参加した。戦いの始まった直後には石油決済システム（ＳＷＩＦＴ）からロシアの主要銀行を排除すると決定した（2月26日）。3月11日には、ロシアへのエネルギー依存を低下させると決め、さらには米国を含めたＮＡＴＯ諸国による対ロ防衛能力を強化すると発表した（ベルサイユ声明〈Versailles Declaration〉）。

ヨーロッパ諸国は、中東エネルギー依存からの脱却を求めてロシア（ソビエト）産エネルギ

ドイツにおけるメガワットアワーコスト推移

電力料金は急激な上昇
今後も高値で推移か

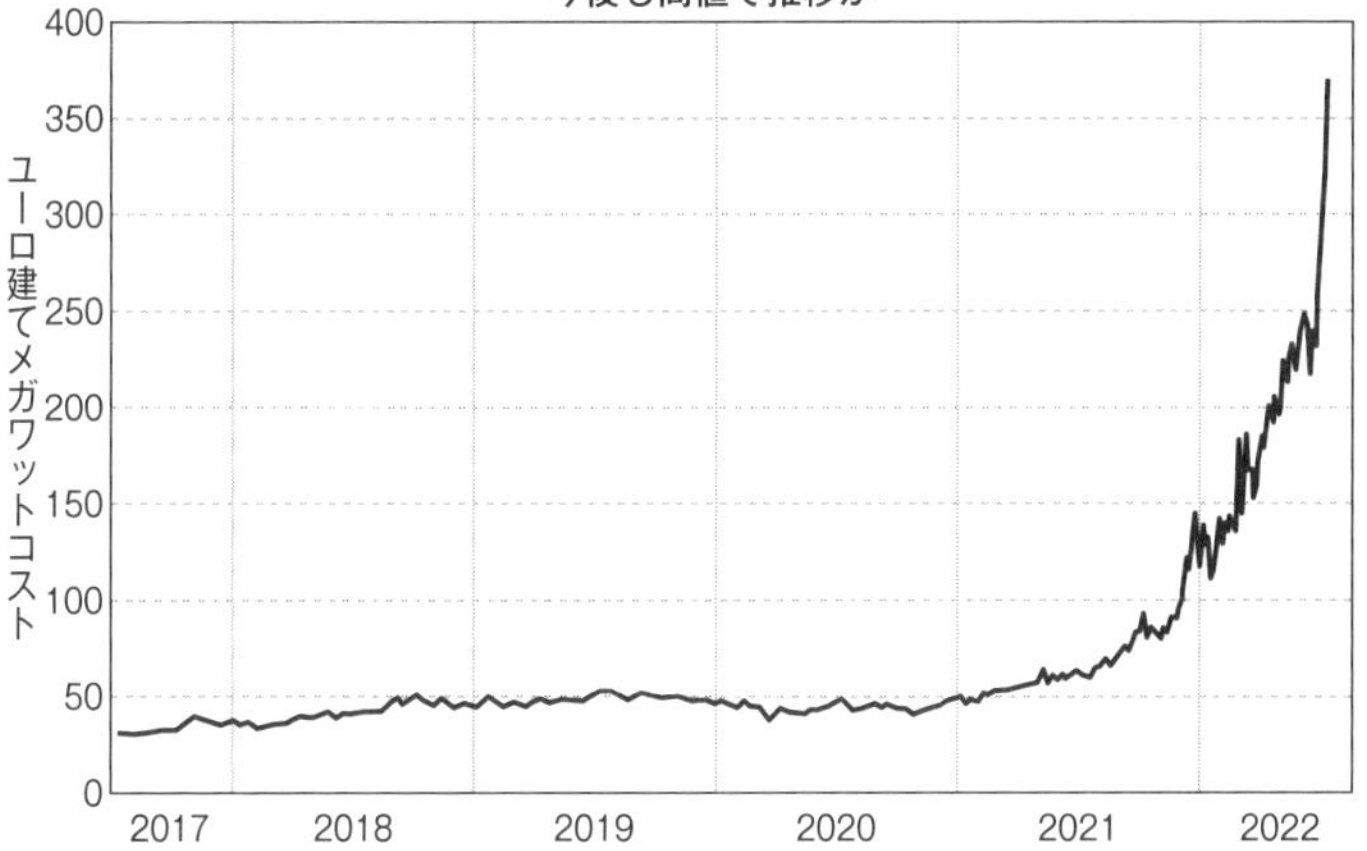

出典：European Energy Exchange AG［Bloomberg］

ーに期待したのではなかったか。２０２２年のＥＵには、40年前（１９８２年）に見せた気概は消えていた。ロシア産石油の輸出をタイトにしたことで当然に原油価格は急上昇した。ロシアへの制裁は逆にロシアを潤わせた。

「２０２２年６月には、ロシア産石油の輸出量は２０２１年８月以来の最低量となった。しかし収入は２０２１年平均の40％増となった[*34]」

ヨーロッパの対ロ制裁は完全に「バックファイヤー」した。要するにＥＵ諸国は自らの愚かな判断（米国ネオコン外交追随）で自爆したのである。上に示したグラフはドイツにおける電力料金の推移である。[*35]

ＥＵの対ロ経済制裁は、ロシア財政を豊かにし、ＥＵ域内の経済活動を窒息させていた。そんな中で、プーチンがその供給を止めていなかったノードストリーム1が、何者かに爆破された（9月26日）。敷設を終えていつでも供給体制に入れる状態にあったノードストリーム2も破損した。

このニュースを喜んだのがアントニー・ブリンケン国務長官であった。「またとないチャンスの到来（tremendous opportunity）」と記者会見で語り、EU諸国がロシアエネルギー依存から脱却する最高のきっかけになると訴えた。

ロシアが自ら爆破したとの煽り報道も出たが、バルブを締めるだけで供給調整ができるロシアには爆破する合理的な理由も動機もない。ましてや怪しい爆破があった海域にはロシアの制海権はなかった。NATO海軍の警戒が厳しい海域での行動ができるはずもなかった。

「犯人国」はロシアを嫌う国であると噂された。その1つがポーランドである。ポーランドのロシア嫌いは常軌を逸している。米国にはポーランド内の基地を自由に使わせている。対ウクライナ支援物資の供給ルートにもなっている。「ウクライナ戦争における援蔣ルート」がポーランドである。

ロシア犯人説はすぐに立ち消えになった。ロシアは、犯人は英国海軍（あるいはその関係組織）であると名指しで批判した（ロイター電、2022年10月29日）。証拠は示していない。そんなことをすれば探知能力が敵に知られる。英国は関与を否定するが、先に書いたジョンソン首相の態度に鑑みれば英国には動機があった。言うまでもなく英国と米国の対ロ外交は二人三脚である。
ウクライナが英国ＭＩ６に指導されて実行したとの推測もあった。

7 大苦境に陥ったヨーロッパ企業

２０２２年２月初め、ノードストリーム爆破を予言する言葉をバイデンは吐いていた。ＡＢＣニュースは、バイデン大統領と記者とのやり取りを次のように報じていた（ＡＢＣニュース：２０２２年２月８日）。

バイデン：もしロシアがウクライナに侵攻すれば、ノードストリーム２にとどめをさす。
記者：どうやって実行するんですか。パイプラインはドイツの管理下ですよ。
バイデン：約束する。われわれにはできる。

ノードストリーム爆破の報を聞いてその喜びを抑えきれずツイッターに投稿した男がいた。ラデック・シコルスキ欧州議会議員である。彼は、外交を専門にするフリーランスのジャーナリストであった。ポーランド防衛大臣・外務大臣を務め、現在はポーランド代表欧州議会議員

ノードストリームパイプライン爆破を警告するバイデン大統領と爆破を喜ぶヨーロッパネオコン議員

（2019年7月）である。

シコルスキは、パイプラインの亀裂から漏れ出る天然ガスの映像とともに「ありがとうUSA」とツイートした。[*36] ポーランドは、EUメンバーであるが反独意識が強い。その意識は反ロ意識に匹敵する。2つのノードストリームの破壊は、ロシア・ドイツの経済を同時に破壊する。その思いにシコルスキは酔った。

このツイートは現在削除されている。シコルスキがこれだけあけすけにその喜びを表したのは彼自身がネオコンであるからだ。そのことは彼の妻の職業をみれば歴然としている。

彼の妻アン・アップルバウムもジャーナリストであり、ネオコン系の新聞雑誌に寄稿してきた。2002年から2006年まで民主党の拡声器であるワシントンポストの編集委員であり、現在は

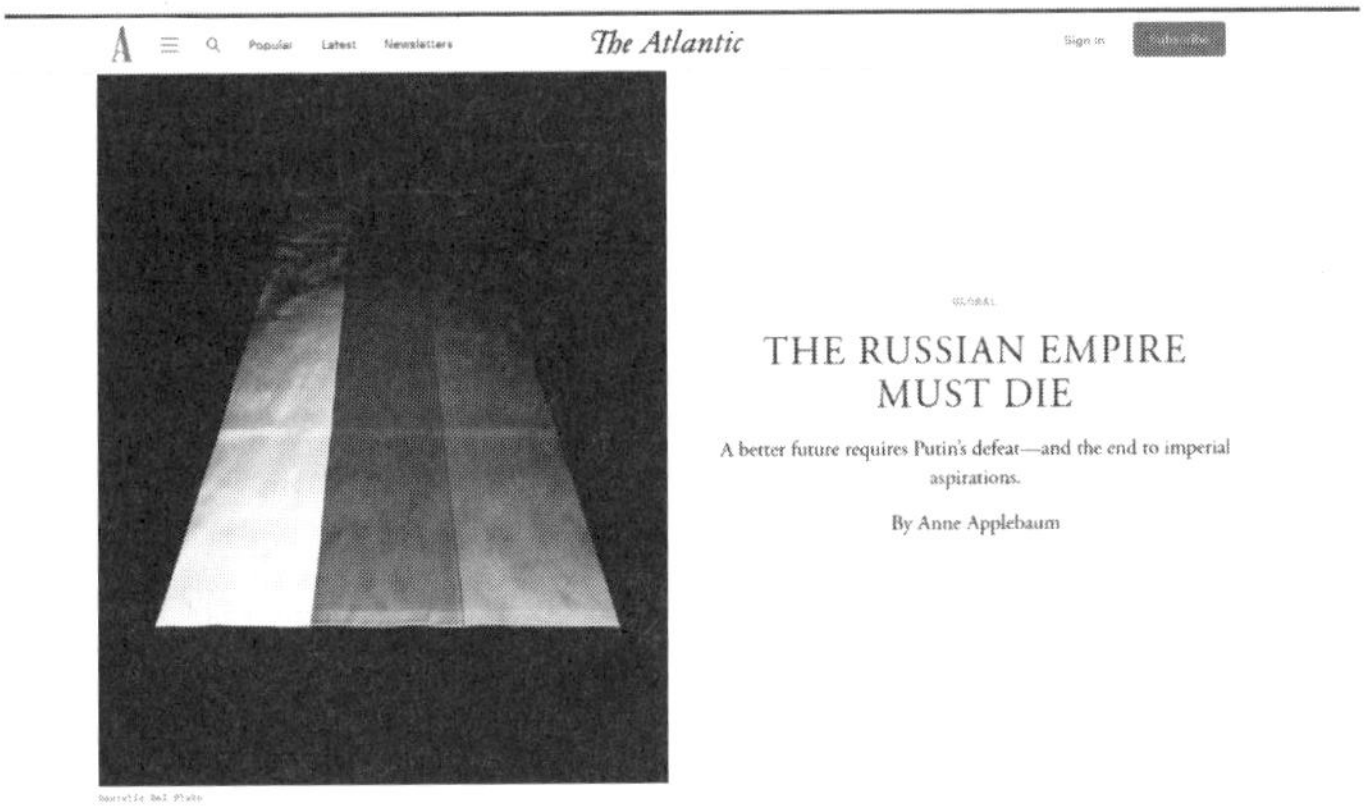

ロシア解体プーチン打倒を主張するアップルバウムの論考（『アトランティック』誌：2022年12月号）＊37

同じく民主党を擁護する雑誌『アトランティック』のスタッフライターである。

ＣＩＡの別動隊である全米民主主義基金（ＮＥＤ）とも深い関係がある。ＮＥＤは政府から拠出される巨額資金を使い東欧のカラー革命や中東のアラブの春を演出した。法律上ＣＩＡが直接手を下せない「工作」活動の別動部隊である。

アップルバウムの思想は彼女の論考で容易に理解できる。彼女は、『アトランティック』誌２０２２年12月号に「ロシア帝国は死ななくてはならない。プーチン打倒後の明るい未来。彼の帝国主義的野心の終焉（The Russian Empire Must Die: A better future requires Putin's defeat-and the end to imperial aspiration)」なる論考を寄せた。正常な神経があれば顔が赤らむほどのプーチン誹謗の言葉が連ねられた幼稚な考察であった。

シコルスキはノードストリームパイプラインから泡となって消えていくロシア産天然ガスをみて歓喜した。しかし、常識人であれば誰でも予期できるドミノが起きた。エネルギー価格の高騰でEU諸国の工業基盤が音を立てて崩れ始めたのである。

前節でノードストリーム2プロジェクトに参加していた企業を国別に挙げた。その1つがドイツから参加したウニパー社だった。ウクライナ侵攻後に始まった経済制裁で同社はプロジェクトに拠出した資金の評価損計上を迫られた。

同社は、ドイツのエネルギー企業である（本社デュッセルドルフ）。ロシア産天然ガスを輸入する最大手で、長期契約を多くの企業と結んでいた。経済制裁とノードストリームからの供給量の減少でその契約履行が困難になった。スポット契約で仕入れれば長期契約に基づく仕入れ価格の数倍となった。

2つのノードストリームが破壊される少し前の9月20日、ロイターはドイツ政府によるウニパー社国営化計画を報じた。ドイツ政府は同社のキャッシュフローを維持するために290億ユーロの注入を決めた。このひと月後には更なる支援が必要で支援総額は400億ユーロになると見込まれた（ロイター電2022年10月20日）。[*38] こうして国有化は不可避となった。

ドイツの企業家は、たとえ政府がロシア嫌いであってもあるいは米国からの圧力があっても、ロシアとはうまくやっていくべきであると政府に主張すべきであった。しかし彼らにはその勇気がなかった。素人でもわかる対ロ経済制裁の愚かさを「火傷」するまでわからなかった。ドイツ有力週刊誌『デア・シュピーゲル』（インターネット英語版）は、ロシアからの天然ガスが止まれば「ドイツ工業に深刻な脅威」（2022年9月21日）となると警告した。[＊39]

ドイツ工業分野別の天然ガス依存度は次のようになっている。[＊40]

化学	30%
金属	18%
食品加工	15%
製紙	9%
ガラス・セラミック	8%
鉱業	6%
その他	15%

天然ガスはウクライナ戦争の余波で高騰した。他のEU諸国もドイツ同様に苦しんでいることは以下の数字を見れば一目瞭然である。以下は各国のエネルギー源のうち天然ガスが占める割合である。[＊41]

イタリア	40%
オランダ	38%

ハンガリー	34%
アイルランド	33%
クロアチア	30%
ルーマニア	30%
ベルギー	26%
ドイツ	26%

天然ガス依存率が最も低いドイツの惨状を見れば他国での窮状は想像に難くない。それを示す報道は多いが、フランスの例を1つ挙げる。デュラレックス（Duralex）は創業80年ほどの老舗ガラス製品メーカーである。従業員は約250人である。2022年11月1日、同社は最後に残った炉を止め5カ月間の工場休止に入った。

同社製品の製造コストに占める燃料費の割合はウクライナ戦争前には5%から7%程度で推移してきた。しかし戦争後はそれが40%にも跳ね上がった。[*42] 同社はエネルギーコストが5カ月後には旧に復することを期待して工場を止めた。5カ月後にエネルギーコストが旧に復しているか誰にも分らない。

従業員は、当面政府支援金により給与の95%が補償されるが、将来不安に怯えている。デュラレックスの苦境がヨーロッパ製造業の縮図である。

8 結束崩れるEU諸国と見放されるウクライナ

日本ではほとんど報道されないがヨーロッパ各地で反NATOデモが起きている。ヨーロッパの一般市民でロシアが敵国だと思うものはいない。そうした市民感情を無視してNATOは米国に引きずられるように東進を続けてきた。そしてロシアを刺激し続けた結果がウクライナ戦争だった。ガソリンも食料価格も急騰した。

「ヨーロッパ各地で反NATO・反EUの抗議活動が起きている。フランス、ドイツなどのヨーロッパ諸国の国民が生活費高騰に憤っている。パリ中心部でも大きなデモがあり、NATOやEUは対ロシア外交を見直すよう求めた」（Zee English News、2022年10月14日付[*43]）

パリだけではなくスペイン、イタリア、チェコなどEU全土に抗議活動が広がった。その模様を大手メディアは隠そうとしたが、ソーシャルメディアを通じて拡散した。抗議活動がヨーロッパ全土に広がっていることは「anti NATO demonstration」で画像検索すればすぐわかる。YouTubeでは動画を見ることもできる。その規模の大きさが、一般市民のNATOに対する強い反感を示している。次頁の画像は、ツイッターに上げられたパリの抗議活動の模様である（2022年10月9日）。

Florian Philippot
@f_philippot · Follow
« #Frexit » hurlent des milliers de Français ce jour à Paris ! Fou !
Watch on Twitter
RÉSISTANCE !
5:13 AM · Oct 9, 2022
3.6K
Reply
Share

ツイッターに上げられたパリの反NATO・反マクロンデモの模様（2022年10月9日）

パリ市民は、フランス国旗を掲げ、「NATO脱退」を訴えると同時にマクロン大統領退陣を求めた。

「デモ隊はウクライナへの武器支援中止やマクロン大統領退陣を要求して気勢を上げた。フランス保守運動のリーダーであるマリーヌ・ル・ペンは自分が大統領であれば直ちに米国主導の対ロ制裁同盟から抜けると訴えた」

「反NATOの感情は全ヨーロッパに広がっている。ウクライナ紛争が深刻なエネルギー危機の原因であることがわかっているからである」

（アジア・ミラー：2022年10月9日）[*44]

ヨーロッパ諸国の国民は本当の「悪魔」に気づいたのである。それはプーチン大統領ではなく、際限なく東進を続けロシアを刺激するNATOであった。フランス国民の反NATOの心理が、ＥＵからの脱退（FREXIT）の気運まで高めている。

一般国民の反ＮＡＴＯ・反ＥＵの思いは米国ネオコンに同調するブリュッセルに巣食うグローバリスト官僚には届かない。ＥＵ通商コミッショナーであるヴァルディス・ドンブロウスキスは11月18日キーウに飛び、あらためてウクライナに対するＥＵ諸国の「揺るぎない支援（unwavering support）」を表明した。[*45] ドンブロウスキスはロシア嫌いのラトビアの元首相である。

ＥＵはメンバー国を拡大しすぎた。ラトビアはソビエトに抑圧された過去があるだけに、ソビエトとロシアを同一視する悪癖がある。ＥＵはこうしたロシア嫌いの国の意向に引きずられる。ＥＵにリアリストの眼があれば、ウクライナの尻を叩くのではなく、トルコのように、外交的解決を図るようゼレンスキー大統領に促すべきであった。

ＥＵ諸国はその安全保障を米国に委ねてきただけに、米国の対ロ外交に追随してきた。ウクライナ支援も続けている。しかしさすがに国民の反発は無視できない。そのことはオラフ・ショルツ独首相の発言で明らかになってきた。ショルツは先のバリ島でのG20の場で次のように発言した。（ロイター電：２０２２年11月15日）

「もう一度はっきりと言っておきたい。世界がこの不況から脱却する最善の方策はロシアのウクライナに対する戦争を終わらせることだ」（傍線筆者）[*46]

この発言はウクライナの早い勝利を願うかのように解釈可能ではあるが、ロシアの軍事力とウクライナの戦況を鑑みればそれが不可能なことはすぐわかる。傍線部分は米国のネオコンを怒らせないための工夫である。要するにショルツも早くウクライナ戦争を終わらせたいのである。ＥＵは、ポーランドやバルト三国のように徹底したロシア嫌いの国々と、リアリズムに戻らなければ内政が持たないと気づいた国（ドイツ、フランス、イタリアなど）との分裂が始まった。

いうまでもなくＥＵの亀裂にいちはやく気づいたのはウクライナであった。ＮＡＴＯ・ＥＵ諸国からの支援が止まれば敗戦は確実であり、ロシアに講和を乞わなくてはならない。

11月15日、ポーランドは、ポーランド内陸の村（Przewodow）に、ロシア製ミサイルが着弾し村人２人が死亡したと発表した。この村は、ウクライナ国境からわずか24㎞にあった。ポーランド外務省は直ちにワルシャワのロシア大使を呼び説明を求めた。

ポーランド外務省は、ミサイルがロシアから発射されたとの前提で動いていた節があったが、アンジェイ・ドゥダ大統領は、「着弾したミサイルはロシア製である」と言うに留めた。[*47]大統領が慎重だったのは当然である。ロシアが、軍事基地もない寒村にミサイルを打ち込む合理性はどこにもない。ロシアのポーランド攻撃は、ＮＡＴＯメンバー国への攻撃となるだけにＮＡＴＯ第５条が適用される可能性もある。

NATO第5条は、「締約国は、ヨーロッパまたは北アメリカにおける1以上の締約国に対する武力攻撃を全締約国に対する攻撃とみなすことに同意する」とある。ドゥダ大統領が慎重に言葉を選んだのはこれが理由である。

今回は米国も慎重だった。中間選挙（11月8日）により下院を共和党に奪われたバイデン大統領だけに迂闊な行動はできなかった。「ロシアが打ち込んだ証拠はない」（11月17日）と述べただけである。ゼレンスキー大統領は、事件直後からロシアの仕業であると主張し、NATOメンバー国でもないにも関わらず第5条の発動を求めていた。しかし、バイデン発言の前には、すでにNATO司令部もポーランド政府もミサイルは、ウクライナ防衛ミサイルシステムからの発射であるらしい証拠があると発表していた（11月17日Fox News）。[*48]

ウクライナ戦争は水面下では収束に向かって急速に動いている。ウクライナはネオコン勢力によって代理戦争を戦った。国土は荒廃し、更には東部の領土を失った。ロシアが求めていたミンスク2合意に従っていればこんな状況にはならなかった。ウクライナはEU諸国にもいま見放されようとしている。

本稿執筆時点ではロシアの攻撃は続いているが、ウクライナが「真の外交的妥協」を求める決断をすれば、その攻勢は止むであろう。

【第6章・脚注】

＊1、2：Paul Wolfowitz's Neocon Blueprint for US Strategic Action (asiasentinel.com)

＊3、4、5：Edmund J. Mazza, Solzhenitsyn on NATO,Ukraine,&Putin, 1P5, July 21, 2022

＊6：マリン・カツサ、『コールダーウォー』（文庫版）、草思社、２０２２年

＊7：同、１１６頁

＊8：同、１２４頁

＊9：同、１２５頁

＊10：同、１２７頁

＊11：同、１２８頁

＊12：同、１２９頁

＊13、15：Mintpress, June 15, 2015
Leaked: George Soros 'Puppet Master' Behind Ukrainian Regime, Trails Of Corruption Revealed (mintpressnews.com)

＊14：International Business Times, December 17, 2015
Meet CyberBerkut, The Pro-Russian Hackers Waging Anonymous-Style Cyberwarfare Against Ukraine (ibtimes.com)

＊16：Center for Preventive Action, Conflict in Ulraine, November ∞, 2022
Conflict in Ukraine｜Global Conflict Tracker (cfr.org)

＊17：間寧、トルコのシリア侵攻、ジェトロ世界を見る眼、２０１９年10月

＊18、19：Lebanese Official: NATO 'Okayed' Downing Of Russian Jet (breitbart.com)

＊20、21：Ukraine war: Turkey's unique role in peace negotiations (theconversation.com)

＊22：Turkey's role as mediator between Ukraine and Russia important and promising - Umerov (ukrinform.net)

＊23：Biden on Putin: 'This Man Cannot Remain in Power' (usnews.com)

＊24：The Timeline Of The Russia-Ukraine War: What Has Happened So Far (indiatimes.com)

＊25：Russia, Ukraine 'close to agreement' in negotiations, says Turkey | Russia-Ukraine war News | Al Jazeera

＊26：Reports claim Ukraine negotiator shot for treason; officials say he died in intel op | The Times of Israel

＊27、28：Boris Johnson Says Ukraine Should Not Accept 'Bad Peace' With Russia (commondreams.org)

＊29、31、32、33：How to sabotage Nord Stream 2, by Pierre Rimbert (Le Monde diplomatique - English edition, May 2021)

＊30：コールダーウォー（文庫版）、１６８頁

＊34、35：David Stockman, Europe's Economic Suicide, International Man
David Stockman on Europe's Economic Suicide… - International Man

＊36：US blows up Nordstream and German Economy | World Affairs

＊37：The Russian Empire Must Die - The Atlantic

＊38：Germany's Uniper needs more state billions to keep buying gas: sources | Reuters

＊39′ 40′ 41：Growing Energy Crisis: A Grave Threat to Industry in Germany - DER SPIEGEL

＊42：Duralex will halt production due to energy prices - The Limited Times (newsrnd.com)

＊43：Environmentalists Against War (envirosagainstwar.org)

＊44：Paris protesters urge France to leave NATO as energy crisis deepens - The Asian Mirror

＊45：EU trade commissioner offers Ukraine ‘unwavering support’ | Reuters

＊46：Germany’s Scholz: end of Ukraine war best way for global economic recovery (yahoo.com)

＊47：Russian missile strike kills two in NATO member Poland (nypost.com)

＊48：Biden disputes Zelenskyy comments over Ukrainian defense missile landing in Poland, cites ‘evidence’ | Fox News

第7章
中間選挙後の米国

前章で書いたように、バイデン大統領の物言いは11月8日に実施された中間選挙の結果を受けて明らかに変化している。本書脱稿時期の勢力は上院では民主党50、共和党49、下院では民主党214、共和党221となった。11月末になっても数字が確定しないのは選挙管理が州の管理になっているためである。

選挙結果は翌日には判明すべきなのだが、投票日の消印まで有効にする郵便投票を認める州があるからだ。上記の勢力図だけみれば、選挙前の予想に反して民主党が「善戦」したことになる。メディアがいかに民主党を擁護しようとも、民主党が2020年大統領選挙に続いて選挙不正をやってのけたのは確実である。その実態は今後明らかになるであろう。

全米の野球場やフットボール場などで、「Fuck Joe Biden」の大歓声が上がりそれが観客のウェーブとなって会場を揺らしていた。筆者は北米に長く住むが「Ｆｕｃｋ」という単語は公の場では普通使わない。しかし、バイデン大統領の批判にはいたるところでこの卑猥で下品な単語が飛び交う。筆者はこれまでこんな光景を見たことがない。

2020年の大統領選挙ではバイデンは8100万票の異常な数字を叩き出した。バイデンよりも人気のあったオバマが6900万票、ヒラリーが6500万票。トランプ大統領は7400万票（歴代最高得票）だったのである。

いずれにせよ、共和党が下院を奪い返したことが重要だ。下院は予算を握る。コロナ対策、ウクライナ支援、インフレ対策などの名目で大盤振る舞いを続けてきた民主党の支配した下院の横暴は止まる。バイデン政権が好き勝手が出来ていたのは、上下院を制していたため、いかなる法案も決議案も共和党との妥協が不要だった。一党独裁的政治が続いた2年間、民主党は狂乱の大盤振る舞いの予算を組み、インフレを加速させた。

例えば、コロナ緊急対策費と冠をつけた予算では、博物館や美術館あるいは図書館にコロナ対策の名目で予算がばらまかれた。関係者が組織する「～協会」、「～評議会」も受益者だった。民主党はこうすることが「票田」の維持管理になることを知っている。コロナ禍に代表される「災害」は、支持基盤拡大のチャンスなのだ。

上院を共和党が奪い返せなかったのは残念だったが、共和党の今回の改選議員は民主党に比べ5人多かった。また、仮に51を確保しても、上院にはミット・ロムニー議員を筆頭にした、トランプ弾劾に賛成したＲＩＮＯ議員が居座る。その意味で、共和党上院はＲＩＮＯ議員を排除するまでは大きな期待はできないことはわかっていた。

1 頑張ったカリフォルニア州共和党

民主党は、郵便投票を推進する。郵便投票は不正が容易である。２０２０年選挙では、なりすまし投票、死人投票、二重投票（2つの州での投票）、ダブルカウント（同じ票を複数回カウント）、集計機の遠隔操作（票の付け替え）などやり放題であった。
民主党は、2020年選挙での苦い経験を生かした共和党側の「警戒」を予期していたようだ。かれらは郵便投票制度と期日前投票を利用した「バロットハーベスティング（票取りまとめ行為）」に選挙資源を集中したらしい。
票の取りまとめとは、集会・養護施設あるいは病院・大学などで第三者が郵便投票・期日前投票をとりまとめて、決められた投票所や投票ボックスに、代理で投函する行為である。有権者から票を預かってから投票箱投函までの間に、何らかの操作が可能である。多くの州でこの行為を認めてはいるが制限もある。
投票者が認めたものなら可（25州、ワシントンDC）
親族・介護者などに限定（11州）
代理投函を認めない（1州）
特段の規定なし（13州）
（2022年5月時点）[*1]
元来、共和党はこのやり方を不正の温床になるとして批判し、選挙日当日の投票所での投票を支持者に勧めていた。しかし、カリフォルニア共和党は、民主党と同じ土俵で戦うと割り切

ドキュメンタリー映画『2000匹のロバたち(2000 Mules)』に捉えられた運び屋の映像の一部[2000 mules documentary]

って、票の取りまとめを積極的に実施した。日曜の教会に共和党員が出かけ票をまとめた。都市部以外では投票所まで遠い。集会時に投函の代理を頼むことができれば好都合である。

戸外に設置された投票箱もあり、民主党は監視員をつけ常時監視させよとの共和党の要求を聞かない。２０２２年5月、民主党を嫌うインド系評論家ディネシュ・デスーザが『２０００匹のロバたち』というドキュメンタリー映画を制作・発表した。デスーザは、戸外に設置された投票箱近くにあった監視カメラ映像を利用して、どのような人物が、投票箱にアクセスしていたかを探った。

そこには、怪しい人物が真夜中に何度も現れて投票箱に大量の投票用紙を投函している姿が移っていた。かれはそうした怪しい人物２００

0人を見つけ「2000人のロバ（2000 Mules）」つまり「2000人の運び屋」という記録映画を公表したのである。

これほどの証拠を見せつけられても、選挙制度の厳格化は民主党支配地域では進んでいない。カリフォルニア州共和党は、共和党支持者に投票を諦めさせない、と決めた。そして積極的な「バロットハーベスティング」に方針を切り替えた。

カリフォルニア州共和党が戦術を変更したのは2018年の中間選挙からのことである。州共和党議長ジェシカ・パターソンは、「郵便投票はよくないとだけ言っていてもしょうがない。民主党と同じやり方で票をまとめる」と割り切った。[*2]

2022年中間選挙では、各地で民主党の「善戦」が伝えられ、下院までも共和党の過半数確保が危ぶまれていた。しかし11月15日夕刻（東部時間）、下院での過半数を確定させる218番目の共和党候補者の当選が知らされた。カリフォルニア州第3区のケビン・カイリーが、6時13分（東部時間）、当選を確定したのである。

この日午後9時から、トランプ大統領の2024年選挙戦出馬宣言がフロリダの私邸マー・ア・ラゴで予定されていた。このニュースはトランプ氏への祝砲であった。この日さらに219番目の共和党当選者がでた。カリフォルニア州第27区でマイク・ガルシアが当選を決めた。カリフォルニア州共和党の戦う姿勢が実り、下院の共和党過半数獲得が成った。

民主党の不正選挙は確実である。しかし、郵便投票は今のところグレイゾーンであり、票の取りまとめ行為もほとんどの州で合法である。そうであるなら「その行為はよくない」として傍観するのではなく、民主党と同じやり方で勝負すると決めたカリフォルニア州共和党の戦術が実った。他州でもカルフォルニア州共和党に倣っていれば議席数を増やせたはずであった。

共和党に、民主党に必ず勝つという意志が欠けているように見えるのは、共和党指導者に問題があるからだ。上院共和党院内総務ミッチ・マコーネルが、2020年大統領選挙結果を早々に承認（容認）するスピーチをしたことはすでに書いた。これに多くのトランプ支持者が憤った。

下院議長になることが確実視されている共和党院内総務のケビン・マッカーシーはマコーネルよりはましではあるが、戦いの姿勢に欠ける。

マッカーシーは、マコーネル同様にエスタブリッシュメントに属する政治家である。アウトサイダーであるトランプを嫌い、自身の出世を目指す権力闘争の真っただ中にいる。共和党議員はトランプの圧倒的な国民的人気を知っているだけに、迂闊なトランプ批判はできないが、姑息な批判めいた発言をする疑似ＲＩＮＯ議員もいる。その典型がマッカーシーである。

２０２１年５月３日、フォックスニュースの人気アンカーであるタッカー・カールソンは、マッカーシーがワシントンの住居をフランク・ルンツ（Frank Luntz）から借りていることを報じた。[3]ルンツは共和党の思想とは相容れないはずの「極左企業」のコンサルタントをも務める共和党の世論調査専門家である。

カールソンは、ルンツが共和党内に忍び込んだ攪乱分子だと見ている。

「この週末（注：2021年5月1～2日を指す）、私たちに驚くべきタレコミの電話があった。ルンツとケビンはただの友人ではなく、一緒に住んでいる、というのである。われわれはこれを信じられなかった。なぜ下院共和党のトップの地位にある人間がグーグルのロビイストと一緒に暮らすのか。いまの腐敗したワシントンでもさすがに考えられないことだ。冗談かと思えたタレコミだったが本当であった」[4]

極左企業とはグーグルのことだったのである。グーグルは、民主党のツールに化しており、民主党の都合の悪い記事は検索にかかってもそれが上位にはこないようなアルゴリズムを仕込んでいる。また政府組織と共謀し、検閲に協力（共謀）していることもわかっている。そのことは以下の報道からも明らかである。

「ツイッター、フェイスブックおよびグーグルはカリフォルニア州政府と共謀し、投稿内容を検閲している。さらにはホットラインを開設し、ユーザーからの検閲要請を受け付けている、と批判されている」（フェデラリスト、2021年4月27日）[5]

ビッグテックは、民主党やＦＢＩなどの政府組織と定期的に打ち合わせているとの報道もある。ＹｏｕＴｕｂｅが、コロナ禍の時期、突然に検閲を強化しＹｏｕＴｕｂｅｒたちを悩ませたのは親会社グーグルの意向である。筆者は、民主党の悪事を検索するときにはグーグルを使わない。

マッカーシーは、トランプ第2期政権ともなれば出世の道は塞がれる。国民の強いトランプ人気を見ながら、自身の権力闘争のためにあざとい妨害工作を仕掛けるはずである。彼の素顔は、２０２３年から本格化する共和党大統領候補戦で見えてこよう。

2 バイデン腐敗一族追及の再開

長い米国政治の中でもバイデン一族が史上最悪の腐敗一族であることは、主要メディアの洗脳から解けている米国人にとっては常識になっている。腐敗の程度は日本人の常識をはるかに超える。

「(秋の中間選挙で) 私が再選され共和党が多数派となれば、(バイデン腐敗を調査する) 上院常設調査小委員会の議長となりこの問題を徹底的に追及する。私は同僚のチャック・グラスリー議員 (アイオワ州共和党：２０２１年1月引退) とともにこの案件についての調査報告書を２０２０年9月に発表した。その中で、ハンター・バイデンの金銭授受の詳細を示したが、東欧諸

ハンター・バイデンの腐敗を暴いた上院報告書（2020年９月）

国の売春組織との関係、さらには人身売買を示唆するものがある」

「バイデン犯罪一家の悪行以上に驚かされるのは、大手メディアと政府司法組織の腐敗である（注：バイデン一家の犯罪の隠蔽に加担していることを指す）。これは由々しき問題であり、必ず調査されるべきものである」

これがロン・ジョンソン上院議員（ウィスコンシン州共和党）が、２０２２年７月にワシントン・イグザミナー紙に語った言葉である。

ジョンソン議員が言うように米国上院は詳細な調査報告書を公表していた（２０２０年９月）。報告書は「ハンター・バイデン、ブリスマに関わる腐敗、それが米外交方針などに与える悪影響」[*6]と題されている。

報告書要約（Executive Summary）は次のように始まっている。少し長くなるが冒頭部分を抄訳する。[*7]

「2013年末から2014年初めにかけてウクライナのキーウ（キエフ）で大規模な抗議デモが起きた。デモ隊は西欧との経済連帯強化および政権腐敗一掃を要求していた。少なくとも82人が死んだ。2月21日、ヤヌコビッチ大統領は退位し国外に逃げた」

「4月14日、バイデン副大統領（当時）は、息子ハンターのビジネスパートナーであるデボン・アーチャーとホワイトハウスで会談している。この5日後、副大統領はウクライナを訪問した。（中略）4月22日、アーチャーはブリスマの役員に就任した。5月12日にはハンター・バイデンも役員に加わった。その後の数年でこの2人は、数百万ドルの収入を、このオリガルヒに支配された腐敗企業から得たのである」

「本委員会議長は、この調査を通じて、オバマ政権はハンター・バイデンのブリスマ役員就任を知っていたことを確認した。この事実は、我が国の対ウクライナ政策遂行にあたって障害になることは明らかである。この危険性（ハンターの役員就任）に警告があったが、オバマ政権幹部は無視した。調査の過程で、ジョー・バイデンの地位（副大統領）を利用して利益を得ていたものはバイデン一族だけではなかったことも判明した」

上院の正式な調査委員会でこれだけあからさまにその腐敗を指摘されていながら、主要メディアは報道しなかった。この事実を知るだけでも、ウクライナ戦争における米国のウクライナ徹底支援の態度に怪しさを感じなくてはならない。ハンター・バイデンについては、ウクライナ企業との癒着だけでなく複数の犯罪疑惑が湧いている。
外国エージェント登録法違反
税法違反
マネーロンダリング
人身売買
上院調査委員会でさらなる追及を約束していたジョンソン議員には残念なことであったが、中間選挙では上院の過半数を制することができなかった。しかし、彼の意志は下院共和党に引き継がれた。
下院を共和党が制することが決まった2日後の11月17日、ジェイムズ・コマー下院議員（ケンタッキー州共和党）とジム・ジョーダン下院議員（オハイオ州共和党）は記者会見を開いた。来年の新議会では前者は法務委員会、後者は政府活動監視委員会の委員長就任が確実視されている。
「我々の調査は（ハンター・バイデンだけでなく）ジョー・バイデンに関わるものになる。ジョー・バイデンはハンターのビジネスに直接関与していたのではなかったか。その結果大統領は、（外国勢力の）影響を受けているのではないか（compromised）。ハンターについてはもはや調査の必要もないほどの悪事を働いていることはわかっている」

ジョー・バイデンはハンターのビジネスについては「一切関与していない、知らない」と主張してきた。その主張は主要メディアによって広く拡散されていた。しかし、ハンターのラップトップには賄賂の10％は「Big Guy」の分け前になることが明瞭に書かれた文書があった。

コマー議員は、「バイデン一族が関与するビジネスは世界50カ国以上に渡っている。そのほとんどがハンターによって企てられたものである」とも続けた。（ニューヨークポスト紙、2022年11月17日）*8

コマー、ジョーダン両議員が語ったことは、共和党支持者であればすでに知っている内容である。しかし主要メディアはこれをほとんど報じないか、その悪質さを徹底的に矮小化して伝えてきた。民主党の政敵つぶしのツールとなった司法省（ＦＢＩ）も調査を渋ってきた。彼らもバイデン一族の悪事をさすがに隠しきれないと悟ったのか、ハンターについては何らかの起訴が噂されている。しかし、税法違反のような罪の軽い違反だけに絞りたいようである。

本来であれば、バイデン一族の悪行はリチャード・ニクソン大統領失脚の引き金となったウォーターゲート事件をはるかに凌駕する一大スキャンダルである。このことを国民の多くは知っている。だからこそ全米の野球場やフットボール場などで、「Fuck Joe Biden」の大歓声が上がり、それが観客のウェーブとなって会場を揺らすのである。

今後バイデンの失脚までのスキャンダルに発展するか否かは、司法省（FBI）次第である。ガーランド司法長官もクリストファー・レイFBI長官も徹底的にバイデン一族を庇っている（調査をしない）。この2人が退任しない限り、つまり2024年に共和党大統領が誕生し、政府高官人事の承認権限をもつ上院を共和党が制しない限り、大きな動きがないかもしれない。

しかし、バイデンスキャンダルは今後も消えることなく民主党を悩ますことになる。

3 ウクライナ支援の中止へ

ポーランド領内にミサイルが着弾し2人が犠牲になったことは書いた。そしてロシアの仕業と主張し、NATO軍の全面介入を求めるゼレンスキー大統領の訴えに、NATOも米国も乗らなかったことも書いた。

2022年11月5日、バイデン政権の広報誌のようなワシントンポストは、「バイデン政権、ウクライナリーダーにロシアとの交渉に前向きになるよう密かに要求」[*9]と報じた。11月18日にはバチカン（フランシスコ法王）も、停戦に向けて仲介に入る用意があると表明した。[*10]

主要メディアはウクライナ軍の反転攻勢にロシア軍が大きな損害を受けていると報じてきた。日本でも、反プーチンクーデターでプーチンは6月の末には失脚するなどとまじめな顔で語った学者がテレビに頻繁に現れる。しかし、現実はまったく違っている。

退役陸軍大佐でトランプ政権では国防長官のアドバイザーを務めたダグラス・マクレガーは11月21日、ウクライナ軍の兵士損失率はロシア1に対して8である、ウクライナにはもはや戦いを遂行する能力はないと論じている。[*11]

ロシア報道官ドミトリー・ペスコフは11月14日に米国との交渉に入ることをロシア紙・スプートニクの取材で明らかにした。[*12] 交渉は米国がイニシアティブをとったもので、アンカラ（トルコ）で同日に行われる予定だとする内容であった。

ＣＮＮは、この日、この報道を米国家安全保障会議の報道官が追認したと報じた。交渉の場所がアンカラになった理由は、読者には説明の必要はなかろう。いかに仲介国の存在が重要であるかがわかる。交渉は、ウィリアム・バーンズ（ＣＩＡ長官）とセルゲイ・ナルイシキン（ロシア対外情報庁長官）の間で行われることも確認された。ウクライナ戦争勃発以来、高官による直接交渉は初めてであった。

ウクライナ敗北を断言するダグラス・マクレガー

この２日前の12日、ブリンケン国務長官がウクライナのクレバ外相とプノンペン（カンボジア）で会っていた。明らかにバイデン政権は、「あまり恥ずかしくない形でのウクライナ戦争の幕引き」に動き始めたのである。

軍事的に、もはやウクライナの勝利はあり得ないと米国が判断したことはほぼ間違いない。中間選挙で下院を共和党に明け渡したことが米国の外交の軟化の原因である。バイデン政権は、湯水のようにウクライナに巨額支援を続けてきた。予算を民主党が牛耳っていたからである。しかし来年からはそうはいかない。

民主党はナンシー・ペロシ下院議長のキーウ訪問時（2022年5月）の約束（ウクライナが勝利するまであらゆる支援をする）はもはや果たせないことを知っている。下院を共和党に明け渡す前の段階で停戦を実現させたかったのであろう。

停戦は、国民の反ウクライナ戦争の動きを抑制しきれなくなっているEU・NATO諸国の首脳を喜ばせることにもなる。米国は密かに停戦モードに切り替えた。

もちろん一方で停戦を望まない勢力もある。この勢力が、偽旗作戦（小型戦術核の使用、市民虐殺、原子力発電所破壊などを工作し、犯人はロシアであると主張する）を仕掛ける可能性は常にある。しかし大きな流れは収束の方向に動いている。

共和党の下院での多数派獲得で米国の外交内政はかなり変化するであろう。バイデン一族の腐敗調査の本格化、ウクライナ戦争の「敗北的」収束だけでなく、過激環境左翼に引きずられた反化石燃料政策も見直しを迫られる。まったく制御できていない（する意思のない）不法移民問題にもそろそろ手を打たなければ民主党応援団の主要メディアも庇いきれなくなるであろう。

２０２４年の大統領選挙まで2年を切った。バイデン政権は確実にレイムダック化する。それはとりもなおさず同政権に巣食うネオコン勢力の衰退を意味する。世界を不安定化させてきたネオコンがその力を失うことは喜ばしいことである。

最初に述べたように、本書はこれからの2年間の米国政治を観察するガイドブックとして企画した。読者の参考になることを願って筆をおくことにする。

【第7章・脚注】

＊１：Ballot harvesting laws by state - Ballotpedia

＊２：California Republicans Embrace Ballot Harvesting Strategy | National Review

＊３：Kevin McCarthy Says He Rents A Room From Frank Luntz After Tucker Carlson's Segment | The Daily Caller

＊４：Tucker Carlson reveals top House Republican lives with Google adviser Frank Luntz | Fox News

＊５：Report: Big Tech Colluded With California Democrats To Censor Americans (thefederalist.com)

＊6：Hunter Biden, Burisma, and Corruption: The Impact on U.S. Government Policy and Related Concerns、上院報告書、２０２０年9月30日

Hearings | Homeland Security & Governmental Affairs Committee (senate.gov)

＊7：同報告書、３頁

＊8：House GOP to investigate Hunter Biden dealings (nypost.com)

＊9：U.S. privately asks Ukraine to show it's open to negotiate with Russia - The Washington Post

＊10：Vatican will broker cease-fire in Ukraine, pope says - UCA News

＊11：https://www.youtube.com/watch?v=sI5kdq9z58o&feature=youtu.be

＊12：Russia-US talks in Ankara at Washington initiative: Kremlin | Al Mayadeen English

[著者略歴]
渡辺惣樹（わたなべ・そうき）
日米近現代史研究家。北米在住。1954年静岡県下田市出身。77年東京大学経済学部卒業。30年にわたり米国・カナダでビジネスに従事。米英史料を広く渉猟し、日本開国以来の日米関係を新たな視点でとらえた著作が高く評価される。著書に『日本開国』『日米衝突の根源1858-1908』『日米衝突の萌芽1898-1918』（第22回山本七平賞奨励賞受賞）（以上、草思社）、『アメリカ民主党の欺瞞2020-2024』（PHP研究所）、『英国の闇チャーチル』『公文書が明かすアメリカの巨悪』『世界史を狂わせた女たち』『教科書に書けないグローバリストの近現代史（共著）』（以上、ビジネス社）など。訳書にハーバート・フーバー『裏切られた自由（上・下）』、スティーブン・キンザー『ダレス兄弟』（以上、草思社）など。

ネオコンの残党との最終戦争

2023年２月13日　第１刷発行

著　者　　渡辺惣樹
発行者　　唐津 隆
発行所　　株式会社ビジネス社
〒162-0805　東京都新宿区矢来町114番地 神楽坂高橋ビル5階
電話　03(5227)1602　FAX　03(5227)1603
https://www.business-sha.co.jp

〈装幀〉中村 聡
〈本文組版〉有限会社メディアネット
〈印刷・製本〉大日本印刷株式会社
〈営業担当〉山口健志
〈編集担当〉中澤直樹

ISBN978-4-8284-2488-0

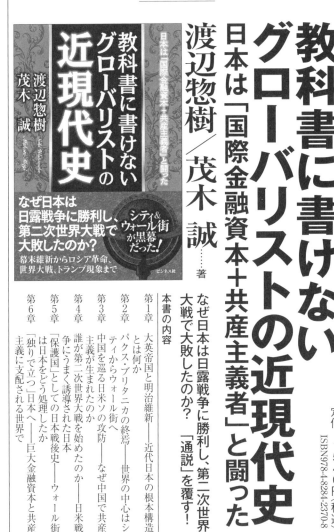